Neue Gebete für den Gottesdienst V

Ulrich Burkhardt / Eckhard Herrmann (Hg.)

NEUE GEBETE

für den Gottesdienst V

DAS KIRCHENJAHR

Claudius

MIX
Papier aus verantwortungsvollen Quellen
FSC® C014496

www.claudius.de

Gesetzt aus der Rotis Serif
Druck: GGP Media GmbH, Pößneck

ISBN 978-3-532-62820-1

Inhalt

Vorwort

Vom 1. Advent 2018 an gilt in allen evangelischen Gemeinden eine neue *Ordnung gottesdienstlicher Texte und Lieder*[1]. Sie löst die alte Ordnung von 1978 ab.
Die Autorinnen und Autoren dieses Buches haben sich dafür gewinnen lassen, auf der Basis der sechs Perikopen jedes Sonn- und Feiertags sowie der Wochensprüche[2] neue Tages- und Fürbittengebete zu formulieren.

Der ganz persönlichen und theologischen Prägung der Autorinnen und Autoren entsprechend variiert der Stil der Gebete. Einheitlich ist lediglich die Gottesanrede: Gott. Sie kann und soll – je nach „Geschmack" des Liturgen oder der Liturgin – „passend" umgestaltet werden: Vater, Herr, barmherziger, liebender, Freude bringender Gott ...Die Gebete dieses Buches bieten nicht nur die Möglichkeit eines „schnellen Zugriffs" kurz vor dem Gottesdienst, sondern wollen auch zur persönlichen Umgestaltung, zu Kürzungen und Ergänzungen und auch zu individuellen Umformulierungen einladen.

Wir danken allen Kolleginnen und Kollegen, die sich mit ihren Beiträgen am Entstehen dieses Buches beteiligt haben. Ebenso danken wir dem Claudius Verlag, der das Buch in sein Programm aufgenommen hat, und seinen Mitarbeitenden, die uns wieder mit Rat und Tat begleitet haben.

Den Nutzerinnen und Nutzern des Buches – sei's für den gottesdienstlichen Gebrauch, sei's für die persönliche *praxis pietatis* – wünschen wir viel Freude und gute Gedanken bei der Beschäftigung mit diesen Gebeten.

Regensburg, Pfingsten 2018

Ulrich Burkhardt *Eckhard Herrmann*

1. Advent

G. Stritar

Siehe, dein König kommt zu dir,
ein Gerechter und ein Helfer.
Sacharja 9,9b

Traue nicht deinen Augen
Traue deinen Ohren nicht
Du siehst Dunkel
Vielleicht ist es Licht.[3]
Bertolt Brecht (1898–1956)

Predigttexte

I Matthäus 21,1–11
II Römer 13,8–12
III Sacharja 9,9–10
IV Jeremia 23,5–8
V Offenbarung 3,14–22
VI Psalm 24

ÖFFNE UNS

Tagesgebet

Gott,
du wartest nicht,
bis wir dich gefunden haben
und zu dir kommen.

Du suchst und findest uns.
Immer wieder.

Du kommst zu uns
in den Menschen, denen wir begegnen.

Wir bitten dich:

Öffne uns die Augen,
dass wir dich in unseren Mitmenschen erkennen.

Öffne uns die Ohren,
dass wir deine Botschaft hören.

Öffne uns das Herz,
dass wir deine Nähe spüren.

Öffne uns die Hände,
dass wir deine Liebe weitergeben.

Öffne uns für dein Kommen
in unser Leben.

Öffne uns.

Jetzt.
In dieser Stunde.

LASS ES ADVENT WERDEN

Fürbittengebet

Komm,
Gott,
komm,
in unsere Welt,
in unser Leben.

Komm uns entgegen mit deiner Güte und Freundlichkeit,
mit deiner Barmherzigkeit und Gnade,
mit deinem Trost und deinem Segen.

Komm und höre unsere Bitten.

Für die Erschöpften und Abgestumpften:
dass wir sie ermuntern
und ihre Augen wieder lachen können.

Für die Einsamen und Zaghaften:
dass sie sich wieder unter Menschen trauen
und sich nicht aufgeben, sondern dran bleiben am Leben.

Für die Ratlosen, die am Ende sind:
dass sie Menschen finden, die sie begleiten,
und sie sich wieder etwas zutrauen.

Für die Kranken und Trauernden:
dass sie Trost und Beistand finden
und ihre Hoffnung nicht verlieren.

Für die Menschen, die Schuld auf sich geladen haben:
dass sie Vergebung erfahren
und neu anfangen können.

Für die Menschen, die unter Gewalt und Ungerechtigkeit leiden:
dass ihr Schreien gehört wird
und wir nicht müde werden, uns für sie einzusetzen.

Für die Enttäuschten, die niemandem vertrauen können:
dass ihre Wunden verheilen
und sie sich für neue Erfahrungen öffnen können.

Für die adventlosen Menschen, die nichts mehr erwarten,
dass sie wieder einen Sinn finden in ihrem Leben:
weil wir ihnen zeigen, dass wir sie gern haben.

Komm,
Gott,
komm,
in unsere Welt,
in unser Leben.

Lass es Advent werden.

2. Advent

R. Koeppen

Seht auf und erhebt eure Häupter,
weil sich eure Erlösung naht.
Lukas 21,28b

„Vielleicht gibt es schönere Zeiten“, hat Jean-Paul Sartre gesagt.
„Aber dies ist unsere Zeit.“
Sie braucht Leute, die zur Not den Himmel aufreißen,
wenn die Erde die Hölle ist.
Dann wird Weihnachten.[4]
Heribert Prantl (geb.1953)

Predigttexte

I Jesaja 35,3–10
II Lukas 21,25–33
III Jakobus 5,7–8(9–11)
IV Jesaja 63,15–64,3
V Hoheslied 2,8–13
VI Offenbarung 3,7–13

ZEICHEN DEINER ERLÖSENDEN NÄHE ENTDECKEN

Tagesgebet

Gott,
aus unserem Alltag kommen wir
und suchen dich und deine Nähe.
Ganz munter vielleicht
oder eher gefangen vom dunklen Traum der Nacht.
Dir brauchen wir nichts vormachen.
Du siehst ja in unser Herz
und weißt, was uns heute bewegt.

Zur Ruhe möchten wir kommen
in deiner Gegenwart.

Verstehen wir die Zeichen, dass du dich uns nahst?
Sammle unsere Sinne.
Lass uns hinter dem Lichtschein der Kerzen
und dem Zauber des Advents eine Ahnung bekommen
vom Licht deiner Gegenwart und von deinem Kommen.

Lass uns heute wieder Hoffnung finden in deinen Verheißungen.
Gerade weil die Realitäten unseres Alltags
dich oft so weit weg scheinen lassen,
bitten wir dich um das Unfassbare:

Reiß die Himmel auf und komm herab,
öffne Tor und Tür
und bring der unheilen Welt deine heilende Gegenwart.

Mach uns neugierig auf das Geheimnis des Glaubens.
Erhebe, was gebeugt ist.
Lindere, was geplagt ist.
Lass uns aufsehen
und mit neuem Blick
jetzt
Zeichen deiner erlösenden Nähe entdecken.

MIT DIR WEITET SICH UNSER HORIZONT ZUVERSICHTLICH

Fürbittengebet

Gott,
du Licht im Dunkeln,
lebendiger Atem,
umwerfende Verheißung auf Zukunft:
Danke!

Erlösung naht.

Dich bitten wir,
lass uns nicht in der unbarmherzigen Härte dieser Welt untergehen.
Hilf,
dass dein angesagtes Kommen bei uns nicht auf taube Ohren stößt,
sondern uns neu aufhorchen lässt und motiviert.
Deine Wirklichkeit hier mitten unter uns
helfe uns zu einer neuen Haltung
und bündle unsere Perspektive.

Mit den Vätern und Müttern im Glauben lass uns sprechen:
Seht,
da ist Gott.
Seid getrost, fürchtet Euch nicht.

Schenke uns Zeichen deiner Nähe,
damit nicht das Finstere siegt.
Lege uns doch neue Sehnsucht ins Herz,
die Motor ist,
erwartungsvoll für deine Welt und füreinander einzutreten.

Lass Menschen
mit müden Händen, hängenden Schultern,
wankenden Knien und voller Angst
wieder den Kopf heben.
Befreie uns aus unseren Verkrümmungen.
Lass das Antlitz von dir erleuchtet werden,
weil uns der Klang deiner Verheißung
aus dem hoffnungslosen Einerlei reißt
und Kraft zum nächsten Schritt gibt.

Seht,
da ist Gott.
Seid getrost, fürchtet Euch nicht.

Behüte alle, die das Leben blind, taub, lahm und stumm gemacht hat.
Deren Schmerzen und Elend zum Himmel schreien,
die sich in den Wüsten des Lebens nach Oasen sehnen.
Gib Wegbegleiter, die fantasievoll lindern helfen.

Ein neues Sehen, Hören, Bewegtsein
schenke uns,
das im Innern um das Licht hinter dem verhangenen Himmel weiß
und darauf vertraut,
dass der Himmel aufreißen kann.

Seht,
da ist Gott.
Seid getrost, fürchtet euch nicht.

3. Advent

B. Dietrich

Bereitet dem HERRN den Weg;
siehe, da ist Gott, der HERR! Er kommt gewaltig.
Jesaja 40,3.10a

Geh nicht dahin, wo der Weg dich hinführt.
Geh dahin, wo es keinen Weg gibt
und hinterlasse eine Spur.
Ralph Waldo Emerson (1803–1882)

Predigttexte

I Römer 15,4–13
II Lukas 3,(1–2)3–14(15–17)18(19–20)
III Lukas 1,67–79
IV 1. Korinther 4,1–5
V Jesaja 40,1–11
VI Matthäus 11,2–10

KOMM DU UNS ENTGEGEN, GOTT

Tagesgebet

Ich soll dir einen Weg bereiten,
Gott?
In meiner lauten Welt,
in meinem ungeduldigen Leben,
in meinem Herzen voller Sehnsucht?

Du willst ankommen bei mir.
Du willst Weg und Ziel sein,
mein Licht in der Finsternis.

Die dritte Kerze der Adventszeit brennt.
Viel Vorbereitungszeit bleibt nicht mehr,
um mich auf deine Ankunft einzustimmen.
Bin ich bereit für dich?
Oder überdecken andere Wünsche, Gedanken, ja, auch Zweifel
meine Suche nach dir?

Gott,
wir sehen deine Zeichen auf unserem Lebensweg nicht
und fordern sie doch ein.
Alleine finden wir den Weg zu dir nicht.
Darum mach du dich wieder auf zu uns Menschen.
Schenke uns kindliche Augen,
die über deine Barmherzigkeit und Liebe staunen.
Wecke in uns eine Erwartung,
die mit dir rechnet.
Geh uns entgegen und überwinde alles,
was uns von dir trennt.

ERWARTUNGEN AN GOTT

Fürbittengebet

Gott,
wir trauen dir viel zu in diesen Tagen vor Weihnachten.
Unsere Häuser und Wohnungen sind geschmückt,
unsere Erwartungen hoch.
Und du,
du machst dich klein und wirst Kind.
Ein Baby, in Kälte und Armut, in Ungewissheit.
Gerade darum beten wir zu dir und halten Fürbitte,
weil du unsere Sorgen und Nöte kennst.

Für alle,
die nicht mehr warten wollen und können,
die nicht mehr hoffen, weil jeder Tag die gleiche Sorge bringt.
Wir bitten dich für diese Menschen,
dass sie sich aufmachen,
sich auf den Weg machen, um deine Nähe und Hilfe zu suchen.

Für alle,
die verzweifelt sind, weil ihr Leben eintönig geworden ist.
Wir bitten dich für die Ehepaare,
die sich fremd geworden sind;
die Familien,
die kaum mehr eine gemeinsame Mahlzeit miteinander einnehmen;
die Alleinstehenden, egal welchen Alters,
die sich fragen, ob es einen Menschen gibt,
der Anteil nimmt an ihrem Leben.
Gib ihnen die Kraft, ihr Leben zu überdenken,
und den Mut, auf Menschen mit Offenheit und Neugierde zuzugehen.

Für alle,
die auf der Flucht sind.
Wir bitten dich für die Menschen,
die ihre Heimat verloren haben
und mit dem wenigen, das ihnen blieb, ein neues Zuhause suchen.
Lass sie offene Arme und Herzen finden.
Bereite ihnen den Weg.
Und lass uns immer wieder dafür danken,
dass wir uns sicher fühlen dürfen
und viele Möglichkeiten haben, um anderen helfen zu können.

Und schließlich bitten wir für uns,
die wir oft müde und enttäuscht sind.
Stärke uns,
zeige uns deinen Weg auf,
gib uns die Landkarte in die Hand
für den neuen Himmel und die neue Erde,
die du uns verheißen hast.

Tröste und ermutige uns,
damit wir mithelfen,
deinen Beistand und deine Liebe in unserer Welt zu verkündigen.

4. Advent

U. Burkhardt

Freuet euch in dem HERRN allewege,
und abermals sage ich: Freuet euch!
Der HERR ist nahe!
Philipper 4,4.5b

Mach dich fein
Jesus kommt
Schmück dein Gesicht
Schmücke dein Haus und deinen Garten[5]
Hanns Dieter Hüsch (1925-2005)

Predigttexte

I Lukas 1,(26–38)39–56
II 2. Korinther 1,18–22
III 1. Mose 18,1–2.9–15
IV Lukas 1,26–38(39–56)
V Philipper 4,4–7
VI Jesaja 62,1–5

TÄTIGES WARTEN

Tagesgebet

Gott,
jetzt ist die Adventszeit fast schon wieder vorbei.
Wieder haben wir gefeiert
und feiern immer noch,
dass du in unsere Herzen und Häuser einziehen willst.
Doch wir merken, dass es gar nicht so leicht ist,
uns ganz auf dich einzustellen.

Deshalb bitten wir dich:
Komm immer wieder neu.
Komm und mach unsere Herzen weit.
Lass uns spüren, wie wichtig deine Nähe für uns alle ist.
Lass uns nicht nur darauf warten,
dass du endlich eintrittst in unser Leben und uns leben hilfst:
Lass uns selber zu Botinnen und Boten
deiner Liebe, Güte und Nähe werden.

Ja, verändere uns in dieser geheimnisvollen Zeit.
Mache uns zu Menschen,
die dir und die einander dienen –
in aufrichtiger und ehrlicher Liebe.

Gib du uns die nötige Kraft dazu.

KOMM, GOTT, IMMER WIEDER NEU

Fürbittengebet

Du,
Gott,
bist das wahre Licht.
Das Licht für uns Menschen,
das Licht der Welt.
Du bist einst in die Welt gekommen;
und du wirst immer wieder erscheinen,
um Menschen zu verändern,
die offen sind für eine Begegnung mit dir.
Du willst ihnen Hoffnung geben,
dass Dinge sich verändern können
und dass nichts beim Alten bleiben muss,
was Angst und Kummer macht.
Du willst auch uns begegnen;
und du willst auch uns neue Hoffnung schenken.

So bringen wir voller Vertrauen vor dich,
was uns belastet und quält,
und bitten dich um deine Hilfe:

Wir bitten dich um Frieden in der Welt.
Er ist so brüchig, empfindlich und zerbrechlich.
Oft scheint es fast so,
als ob wir nicht so recht wüssten,
wie wir mit diesem kostbaren Gut umgehen sollen,
das du uns anvertraut hast.
Schenke du uns die nötige Einsicht.
Lass uns begreifen,
dass letztlich aller Friede von dir her kommt
und allein in dir
irgendwann vollkommener Friede möglich sein wird.

Wir bitten dich für das Miteinander der Religionen.
Frieden auf Erden wollen alle.

Und doch gibt es so viel Zwietracht und Hass.
Lass das Bewusstsein wachsen,
dass Versöhnung und Frieden zusammengehören.
Schenke allen, die Verantwortung tragen, Gesprächsbereitschaft,
und allen Glaubenden Mut zum Zusammenleben und zur Toleranz.

Wir bitten dich für deine Kirche.
Immer noch ist sie gespalten.
Immer noch gibt es so viel Trennendes zwischen den Konfessionen,
trotz aller Zeichen und Aufbrüche, die Hoffnung machen.
Nur du kannst wahre Einheit stiften.
Mache uns Mut, mehr als nur vorläufige Schritte zu gehen,
auf dass das Miteinander der Kirchen spürbarer wird.

Wir bitten dich für diejenigen unter uns,
die Sorgen und Nöte haben:
Für die Kranken, für die Verzweifelten,
für die Ratlosen, für die Resignierten,
für die Einsamen, für die Traurigen,
für die, die in einer schweren Krise stecken,
für die, die den Glauben an dich verloren haben.
Hilf du ihnen weiter,
Gott.
Doch lass uns nicht vergessen,
dass du uns alle berufen hast,
Licht für andere zu sein
und Not zu lindern, wo immer wir können.

Höre unsere Bitten
und erhöre uns.

Geh mit uns in diese Woche,
in die intensiven Tage vor dem großen Fest.
Und lass uns leben mit dem Wissen,
dass du immer für uns da bist,
du,
das Licht der Welt.

Heiligabend

E. Herrmann

Fürchtet euch nicht!
Siehe, ich verkündige euch große Freude,
die allem Volk widerfahren wird;
denn euch ist heute der Heiland geboren,
welcher ist Christus, der HERR,
in der Stadt Davids.
Lukas 2,10b.11

Wer sich nach Licht sehnt, ist nicht lichtlos.
Denn die Sehnsucht ist schon das Licht.
Bettina von Arnim (1985–1859)

Predigttexte

Christvesper

I Jesaja 9,1–6
II Hesekiel 37,24–28
III Jesaja 11,1–10
IV Micha 5,1–4a
V Lukas 2,1–20
VI Galater 4,4–7

Christnacht

I 1. Timotheus 3,16
II Sacharja 2,14–17
III Matthäus 1,18–25
IV Titus 2,11–14
V Hesekiel 34,23–31
VI Lukas 2,1–20

GOTT SEHEN

Tagesgebet

Du lässt es hell werden,
Gott.

Mitten in der Nacht.
Mitten in der Dunkelheit,
die sich über die Welt gelegt hat.

Damit wir *dich* sehen.
Im Gesicht eines Kindes.
In den Gesichtern junger Eltern.
In den Gesichtern
von Alten, Kranken, Behinderten, Sterbenden, Trauernden.
In den Gesichtern unserer Mitmenschen.

Wir bitten dich:
Lass nicht zu,
dass wir das Licht,
das du in und um und über uns entzündet hast,
wieder auslöschen.

Lass nicht zu,
dass sich die Dunkelheit wieder über unsere Welt legt.

LASS DEIN LICHT LEUCHTEN

Fürbittengebet

Wir stehen an deiner Krippe,
Gott,
staunen,
danken,
hoffen
und freuen uns,
dass du zu uns gekommen bist.

In unsere Häuser
und in unsere Herzen.

Um uns die Augen zu öffnen und die Sinne zu schärfen
für die Krippen und die Ställe der Welt,
für die Orte des Hungers und des Elends,
für die Stätten der Angst und des Leids.

Wir bitten dich,
Gott,
für alle,
deren Leben in Dunkelheit gehüllt ist,
in die Dunkelheit der Armut und der Not,
in die Dunkelheit der Trauer und der Trostlosigkeit,
in die Dunkelheit der Einsamkeit und der Verzweiflung.

Mache ihr Leben hell,
wie du die Nacht über Bethlehem hell gemacht hast.

Lass dein Licht leuchten.

Und hilf uns,
ihnen dein Licht zu bringen.
Dein Licht,
das die Dunkelheit vertreibt,
die sie erfüllt und umgibt.

Durch Worte, die ermutigen,
durch Gesten, die trösten,
durch Zeichen, die sie unsere und deine Nähe spüren lassen,

dass auch sie wieder
– wie wir –
staunen,
danken,
hoffen
und sich freuen können

über dich,
Gott.

Weihnachten

J. Pommer

*Das Wort ward Fleisch und wohnte unter uns,
und wir sahen seine Herrlichkeit.*
Johannes 1,14a

Die Geburt Jesu in Bethlehem ist keine einmalige Geschichte, sondern ein Geschenk, das ewig bleibt.
Martin Luther (1483–1546)

Predigttexte

1. Weihnachtstag

I	Johannes 1,1–5.9–14(16–18)
II	Titus 3,4–7
III	Jesaja 52,7–10
IV	1. Johannes 3,1–2(3–5)
V	Kolosser 2,3(4–5)6–10
VI	2. Mose 2,1–10

2. Weihnachtstag

I	Römer 1,1–7
II	Matthäus 1,18–25
III	Hebräer 1,1–4(5–14)
IV	Jesaja 7,10–14
V	Matthäus 1,1–17
VI	2. Korinther 8,7–9

ALLE JAHRE WIEDER

Tagesgebet

Gott,
alle Jahre wieder
hören wir die alte Botschaft,
dass du Mensch geworden bist,
um uns ganz nahe zu sein.

Lass sie uns nicht hören, als ob sie in den Wind geredet sei.
Lass sie uns nicht hören, als ob wir schon alles wüssten.

Öffne vielmehr unsere Ohren, Herzen und alle Sinne,
damit uns diese alte Botschaft aufs Neue begeistert,
damit sie uns in Bewegung bringt
wie die Hirten und die Weisen aus dem Morgenland.

Gott,
wir danken dir für die alte und immer wieder neue Botschaft,
dass du Mensch geworden bist,
um uns ganz nahe zu sein
in Jesus Christus,
dem Kind in der Krippe,
unserem Bruder und HERRN.

FROHE WEIHNACHTEN

Fürbittengebet

„Frohe Weihnachten."
Diesen Wunsch hören wir oft in diesen Tagen.
Und auch wir sprechen ihn häufig aus.

Mache uns bewusst, dass Weihnachten mit *dir* zu tun hat,
Gott.

Wir danken dir für diese wunderbare Zeit,
in der wir uns erfreuen am Duft und Geschmack von Plätzchen,
Stollen und Punsch und an unsere Kindheit zurückdenken –
an die Vorfreude, an die Ungeduld beim Warten aufs Christkind,
an unsere strahlenden Augen beim Auspacken der Geschenke,
in der wir die schönen alten Lieder hören und singen.

Wir danken dir für diese wunderbare Zeit,
in der die Lichter an Weihnachtsbäumen und Girlanden
unsere Städte, Dörfer und Häuser leuchten lassen,
in der viele Menschen die Bedürfnisse und die Not anderer
deutlicher wahrnehmen als sonst.

Wir danken dir für diese wunderbare Zeit und bitten dich:
Sei denen nahe, die nicht „Frohe Weihnachten" feiern können,
weil Konflikte auch in diesen Tagen das Familienleben belasten,
weil Hunger, Armut und existenzielle Sorgen sie bedrängen,
weil sie einsam und alleine sind und niemanden haben,
der sie besucht oder mit ihnen spricht.

Du kommst zu uns als kleines Kind in der Krippe.

Wir bitten dich für alle Kinder unserer Erde,
für diejenigen unter ihnen, die misshandelt werden,
die auch an Weihnachten hungrig ins Bett gehen,
die als Kindersoldaten missbraucht werden,
denen ihre Kindheit geraubt wird.

Hilf uns,
den Kindern das zu geben,
was sie zum Leben und für eine gesunde Entwicklung brauchen.

Dein Sohn fand keinen Raum in der Herberge.
Schenke uns ein offenes Herz und helfende Hände
für Obdachlose, die oft nicht wissen,
ob und wo sie in der kommenden Nacht Raum finden werden.

Du bist den unbedeutenden Hirten
auf den Feldern von Bethlehem begegnet.
Schenke auch uns in unserem scheinbar unbedeutenden Alltag
Begegnungen mit dir.

Den Weisen aus dem Morgenland hast du einen Stern gesandt,
der sie zur Krippe führte.
Schenke uns die Neugier, die uns aus Gewohntem aufbrechen lässt.

Ein Engel trug Josef auf,
seine Verlobte Maria nicht zu verlassen,
obwohl sie nicht sein Kind unter dem Herzen trug.
Lass uns auf die Stimme deines Engels hören.
Lass uns nicht davonlaufen, sondern bleiben und standhalten.

Maria hat dir,
Gott,
alles zugetraut, auch wenn sie nicht verstand, was ihr widerfuhr.
Auch wir bitten dich um die Kraft, dir zu vertrauen.
Lass uns – wie Maria – die guten Worte, die wir heute hören,
behalten und in unserem Herzen bewegen.

Mache uns bewusst, dass Weihnachten mit dir zu tun hat,
Gott.
Schenke uns und deiner ganzen Welt
„Frohe Weihnachten“.

1. Sonntag nach Weihnachten

S. Thürmel

Das Wort ward Fleisch und wohnte unter uns;
und wir sahen seine Herrlichkeit.
Johannes 1,14a

Das Licht der Herrlichkeit scheint mitten in der Nacht.
Wer kann es sehen?
Ein Herz, das Augen hat und wacht.
Angelus Silesius (1624–1677)

Predigttexte

I Matthäus 2,13–18(19–23)
II Hiob 42,1–6
III Lukas 2,(22–24)25–38(39–40)
IV 1. Johannes 1,1–4
V Jesaja 49,13–16
VI Johannes 12,44–50

DEIN LICHT WEIST UNS DEN WEG

Tagesgebet

Der Stern der Heiligen Nacht,
Gott,
leuchtet noch
und weist allen den Weg,
die dich finden wollen
im Kind in der Krippe.

Das Licht der Welt
scheint und erhellt die Finsternis.
Gestern, heute und morgen.
Es brennt für alle,
die den Weg zum Leben suchen
und sich nicht in der Dunkelheit verlieren möchten.

Deine Herrlichkeit
erstrahlt über uns.
Sie holt alles aus dem Schatten
und taucht es in das Licht deiner Liebe.

Wir danken dir
für deinen Stern, der uns zu dir führt,
für dein Licht,
das unsere Finsternis hell macht,
für deine Herrlichkeit,
die wir sehen dürfen
und die heilt, was im Schatten ist.

Wir bitten dich,
lass uns darauf vertrauen,
dass dein Stern uns den Weg weist,
dein Licht uns leuchtet,
und deine Herrlichkeit weiter strahlt,
wenn wir nach der Weihnacht
wieder in den Alltag zurückkehren.

LASS DEINEN STERN LEUCHTEN ÜBER UNS

Fürbittengebet

Niemand, der dir begegnet,
Gott,
bleibt unverändert.

Die Hirten breiteten dein Wort aus,
der alte Simon lobte dich,
die hochbetagte Hanna tröstete alle,
die auf Erlösung warteten,
und Hiob erkannte deine Weisheit.

Wir bitten dich für alle,
die darauf warten,
dir zu begegnen,
dich in ihrem Leben zu spüren –
als Hoffnung und Zuversicht,
als Kraft und Licht,
als Segen und Heilung.
Lass deinen Stern in ihrem Leben leuchten.

Wir bitten dich für alle,
die dein Wort ausbreiten.
Denen es ein Herzensanliegen ist,
dass die folgenden Generationen von dir hören,
und die viel Kraft und Energie verwenden,
Worte zu finden, die heutzutage verstanden werden.
Lass deinen Stern über ihren Bemühungen leuchten.

Wir bitten dich für alle
die sich über dich freuen und dich loben.
Erhalte ihre kraftspendende Freude,
aber lass sie diejenigen nicht vergessen
und denen zur Seite stehen, die Leid tragen
und denen das Lob im Halse stecken bleibt.
Lass deinen Stern über ihrer Hilfe leuchten.

Wir bitten dich für alle,
die auf Erlösung warten.
Auf Erlösung von Schuld,
auf Erlösung von den Lasten des Alters,
auf Erlösung von Leid und Armut.
Schenke ihnen – wie Hanna –,
dass sich ihre Hoffnung erfüllt.
Lass deinen Stern über ihrer Hoffnung leuchten.

Wir bitten dich für alle,
die – wie Hiob –
mit einem schlimmen Schicksalsschlag hadern.
Die keinen Sinn in dem erkennen können,
was ihnen oder ihren Lieben widerfahren ist.
Lass sie Wege aus ihrer Verzweiflung finden
und darauf vertrauen,
dass du auch das Schlimmste
zum Guten wenden kannst.
Lass deinen Stern über ihrem Leid leuchten.

Wir bitten dich für alle,
die nur glauben können,
was sie mit eigenen Augen sehen.
Die dir nicht vertrauen können,
weil man dich nicht begreifen und vermessen,
nicht berechnen noch wissenschaftlich beweisen kann.
Stärke ihr Vertrauen in deine Liebe.
Lass deinen Stern leuchten über ihrem Denken und Handeln.

Wir bitten dich
für uns alle,
die nach dem Christfest nun wieder in den Alltag zurückkehren.
Lass auch uns nicht unverändert bleiben.
Lass uns zurückkehren als solche,
die dich gesehen und erfahren haben,
die von dir gehört haben und die berührt wurden.
Lass deinen Stern leuchten über all unseren Wegen.

Jahreswechsel

E. Herrmann

Altjahrsabend

Meine Zeit steht in deinen Händen.

Psalm 31,16a

Neujahr

Jesus Christus gestern und heute und derselbe auch in Ewigkeit.

Hebräer 13,8

Das neue Jahr sieht mich freundlich an,
und ich lasse das alte mit seinem Sonnenschein und seinen Wolken ruhig hinter mir.[6]

Johann Wolfgang von Goethe (1749–1832)

Predigttexte

Altjahresabend

I Jesaja 51,4–6
II Hebräer 13,8–9b
III 2. Mose 13,20–22
IV Matthäus 13,24–30
V Römer 8,31b–39
VI Prediger 3,1–15

Neujahrstag

I Josua 1,1–9
II Johannes 14,1–6
III Philipper 4,10–13(14–20)
IV Sprüche 16,(1–8)9
V Lukas 4,16–21
VI Jakobus 4,13–15

MIT GOTT AUF DEM WEG

Tagesgebet

Die letzten Schritte
dieses kurzen, langen, schönen, schweren Jahres.
Wir gehen sie mit dir,
Gott.

So, wie du stets mit uns gegangen bist
auf allen Wegen und an allen Tagen.

Wir danken dir
für deine treue Begleitung,
deine Sicherheit gebende Nähe,
dein verlässliches Für-uns-da-Sein.

Durch dein Wort,
das uns geleitet, geholfen, geheilt und getröstet hat,
wenn wir nicht mehr weiterwussten,

und durch Menschen,
die du unseren Weg hast kreuzen lassen
und uns zur Seite gestellt hast,
die uns verstanden haben
und denen wir vertrauen konnten.

In diesem kurzen, langen, schönen, schweren Jahr.

IN GOTTES HAND

Fürbittengebet

Ein Jahr geht.

Wie viel Schönes,
Gott,
wurde uns geschenkt,
wie viel Hilfe haben wir erfahren,
wenn wir Schweres aushalten mussten,
wie viele Begegnungen,
wie viele Erlebnisse,
wie viele Erfahrungen
haben unseren Alltag schön und reich gemacht.

Aber auch
Not
haben wir gesehen,
Elend,
Gewalt und Krieg,
Angst und Verzweiflung,
die wir nicht lindern und auch nicht mindern konnten.

Alles,
was das alte Jahr ausgemacht hat,
legen wir heute in deine Hand,
Gott,
dankbar für alles Gute
und ohnmächtig angesichts alles Bösen,
das wir nicht verhindern konnten,
und bitten dich:
nimm es an.
Uns zuliebe,
unseren Nächsten,
der Welt zuliebe.

Ein neues Jahr kommt.

Wir bitten dich,
Gott,
dass wir uns
– immer wieder neu –
auf den Tag freuen können,
wenn wir morgens aufwachen,
dass wir zufrieden zurückschauen können,
wenn wir uns abends niederlegen,
dass wir nachts schlafen können,
ohne von bösen Gedanken gequält zu werden,
dass wir keine Angst haben müssen
um uns, um unsere Lieben,
um unsere Zukunft.

Aber auch das Schicksal
unserer Welt
wollen wir in deine Hände legen.

Wir bitten dich
um das Ende der Not
in so vielen Ländern der Erde,
dass alle Menschen genug zu essen haben,
um den Schutz der Natur,
um gesundes Wasser und gesunde Luft,
um Bewahrung vor so vielem,
was das Leben gefährdet oder gar vernichtet,
und vor allem
um Frieden.
Für alle Menschen.

Behüte und bewahre uns,
Gott,
in diesem neuen Jahr.

2. Sonntag nach Weihnachten

U. Biedermann

Wir sahen seine Herrlichkeit,
eine Herrlichkeit als des eingeborenen Sohnes vom Vater,
voller Gnade und Wahrheit.
Johannes 1,14b

Wenn der Alltag dir arm erscheint,
klage ihn nicht an – klage dich an,
dass du nicht stark genug bist, seine Reichtümer zu rufen,
denn für den Schaffenden gibt es keine Armut.[7]
Rainer Maria Rilke (1875–1926)

Predigttexte

I und IV	1. Johannes 5,11–13
II und V	Jesaja 61,1–3(4.9)10–11
III und VI	Lukas 2,41–52

DIE NÄHE GOTTES SUCHEN

Tagesgebet

Bei dir,
Gott,
singen die Elenden,
die Leidenden sind voller Hoffnung,
von ihrer Freiheit hören die Gefesselten,
die Schwermütigen werden gehüllt in Festgewänder.

Gerne suchen wir deine Nähe,
Gott,
möchten einstimmen in das Lied
vom Recht der Armen,
vom Trost für verwundete Herzen,
vom aufrechten Gang der Geringen.

Präge deine Liebe
in unsere Seele,
Gott!

Stärke und erhalte uns
das Vertrauen auf deinen Beistand.

Lass uns dem Beispiel Jesu folgen,
damit auch wir
unseren Auftrag annehmen,
zum Segen werden
der Welt und ihren Bewohnern.

Lobpreis und Dank
soll unsere Antwort sein.

DEN SCHWUNG DES FESTES MITNEHMEN

Fürbittengebet

Ganz allmählich
verblasst der Glanz
der weihnachtlichen Festtage.
Der Alltag kehrt wieder ein.

Noch immer aber
dringt die frohe Botschaft der Engel an unser Ohr:
„Ehre sei Gott in der Höhe
und Friede auf Erden
bei den Menschen
seines Wohlgefallens.“[8]

Wir danken dir,
Gott,
für den guten Anfang, den du gesetzt hast,
und für die Hoffnung, die du uns Tag um Tag schenkst.

In der Schwachheit des Kindes
im Stall von Bethlehem,
in der Niedrigkeit des Gewöhnlichen
zeigst du deine verändernde göttliche Kraft.

In deinem Haus, der Kirche,
besingen und bezeugen
wir deine Herrlichkeit,
die durch Jesus hindurchscheint
in unsere Welt.

In deinem Haus, der Kirche,
versichern wir uns
deiner Liebe und Fürsorge
für alle Menschen.

Wenn wir also
von hier wieder hinausgehen
in unseren Alltag,
in unsere Beziehungen,
in unseren Verantwortungsbereich,
so hilf,
dass wir auch dort
dem Frieden ein Haus bauen
und der Gerechtigkeit eine Feste.

Wir wollen nachfragen,
wo schnelle Antworten
lieblos und zerstörerisch wirken.
Wir wollen reden,
im Interesse aller Menschen,
die stumm geworden sind
in ihrem Leid.

Mache uns unruhig,
Gott,
solange noch ein einziger Mensch hungert.
Befreie uns von aller Selbstgenügsamkeit,
wenn die Freiheit anderer bedroht ist.

Lass uns als Gemeinde
zur Anwältin der Schwachen werden
und zur Quelle des Mitgefühls.

Gott,
unter deinem Segen
lassen wir das Fest ausklingen.
Erfüllt und gestärkt
nehmen wir den Schwung ins neue Jahr mit.
Und trauen uns zu,
das Notwendige und das Gute zu tun.

Epiphanias

E. Gorka

Die Finsternis vergeht
und das wahre Licht scheint schon.
1. Johannes 2,8b

Bleib bei uns, Herr, verlass uns nicht,
führ uns durch Finsternis zum Licht,
bleib auch am Abend dieser Welt
als Hilf und Hort uns zugesellt.
Johann Gottfried Herder (1744–1803)

Predigttexte

- I Matthäus 2,1–12
- II Epheser 3,1–7
- III Jesaja 60,1–6
- IV Johannes 1,15–18
- V 2. Korinther 4,3–6
- VI 1. Könige 10,1–13

AUCH DURCH UNS SOLL ES HELL WERDEN
Tagesgebet

Jesus Christus,
wir freuen uns über deine Geburt.

Der allmächtige Gott
hat in dir
unsere Gestalt angenommen.
Ist zu uns Menschen in unsere Dunkelheit gekommen,
damit es hell werde bei uns.

Wir danken dir für das Licht,
das durch dich in der Welt aufleuchtet.

Wie damals Bethlehem durch das Leuchten der Sterne groß wurde,
so wollen auch wir durch dein Leuchten
dir ein „Haus des Lebens" werden.
Lass es durch uns
im Leben unserer Mitmenschen licht und hell werden.

Daher bitten wir dich:
Schenke uns Glauben und segne unser Leben,
damit die Welt erkennt, was du mit uns begonnen hast.

Auf dich hoffen wir
in Zeit und Ewigkeit.

DER SCHEIN DEINER WAHRHEIT

Fürbittengebet

Du,
Gott,
hast einen hellen Schein in unsere Herzen gegeben.
In ihm hast du uns erkannt,
mit ihm werden wir erkennen,
wer wir sein und bleiben können:
Menschen, wie du einer geworden bist.
Immer wieder: Gott, erbarme dich.

Der Schein deiner Wahrheit
durchdringt die Sonnenseite unseres Lebens.
Von dir kommt alles,
was uns gelingt und unsere Lebensfreude stärkt,
alles, was Gemeinschaft wachsen lässt, Sinn und Würde,
alles, was andere Menschen aufrichtet.
Erhalte es uns.
Immer wieder: Gott, erbarme dich.

Der Schein deiner Wahrheit lässt uns aushalten,
was wir noch nicht erkennen können:
all das Diffuse, das Unberechenbare und Unbekannte,
den schmalen Grat, den wir für den breiten Weg halten,
den Alarm des Bauchgefühls und die Warnung des Herzens.
Immer wieder: Gott, erbarme dich.

Der Schein deiner Wahrheit wirft ein gleißendes Licht
auf unsere Dunkelheiten,
unseren Egoismus, als lebten wir allein auf der Welt,
unsere Ungerechtigkeit, als sei Recht zuteilbar,
unsere Überheblichkeit, als gäbe es dich nicht.
Immer wieder: Gott, erbarme dich.

Lass Christus,
deine Wahrheit in Menschengestalt,
aufscheinen bei den Verantwortlichen
in Politik, Wirtschaft, Bildung und Kunst,
aufscheinen bei den Täuflingen,
den Konfirmandinnen und Konfirmanden
und den Eheleuten,
aufscheinen bei den Ratsuchenden, Kranken und Sterbenden
und denen, die um des Glaubens willen verfolgt werden.
Immer wieder: Gott, erbarme dich.

Und lass deine Wahrheit
durch uns
Gestalt annehmen
und aufscheinen unter uns.

Behüte, die wir missachten.
Beschütze, die wir übersehen und verdrängen.

Segne uns und unsere Welt.
Immer wieder: Gott, erbarme dich.

1. Sonntag nach Epiphanias

G. Neumann-Beiler

Welche der Geist Gottes treibt, die sind Gottes Kinder.
Römer 8,14

Mach aus mir einen Regenbogen,
der alle Farben enthält, in die sich dein Licht bricht.
Mach aus mir immer mehr einen Regenbogen,
der das ruhige Wetter ankündigt nach den Stürmen auf See.[9]
Hélder Camara (1909–1999)

Predigttexte

I Josua 3,5–11.17
II Matthäus 3,13–17
III Römer 12,1–8
IV Jesaja 42,1–9
V Johannes 1,29–34
VI 1. Korinther 1,26–31

KINDER GOTTES

Tagesgebet

Gott,
unser Vater im Himmel,
Vater Jesu Christi,
Vater des Lichtes,
du hast ein neues Licht angezündet,
ein Licht, das uns neue Wege aufzeigt,
ein Licht des Lebens, das das Dunkel vertreibt.

Mach unser Herz bereit und offen
für dieses Licht.

Mach unser Herz bereit
für deinen Geist,
der uns belebt.

Durch die Taufe sind wir deine Kinder.
Halte uns in deiner Hand.
Halte uns und schenke uns deinen Geist.
Halte uns zusammen.
Bei dir erleben wir Gemeinschaft.
Lass uns Gemeinschaft leben
- als Kinder Gottes.

DEIN LICHT ERHELLT DIE WELT

Fürbittengebet

Gott,
dein Licht erleuchtet die Dunkelheit um uns.
Durch deine Liebe wächst Hoffnung.

Dein Geist zeigt uns den Weg zum Leben.
Wir dürfen deine Kinder sein.

Lass dein Licht leuchten
für alle,
die in diesen Tagen getauft werden,
die sich auf ihre Taufe freuen,
um dein Kind zu sein.

Lass dein Licht leuchten
und schicke deinen lebendigen Geist
zu denen,
die nach dir fragen und dich suchen,
die mit dir Neues wagen wollen.

Lass dein Licht leuchten
den Menschen,
die für andere da sind.

Sende deinen hoffnungsvollen und stärkenden Geist denen,
die sich kraftlos, leer und aufgebraucht fühlen.

Lass dein Licht leuchten
den Menschen,
die Unrecht, Krieg und Friedlosigkeit erleben müssen.

Sende deinen Geist den Menschen,
die Macht ausüben,
damit sie Brückenbauer und Friedensbringer werden.

Lass dein Licht leuchten
denen,
deren Weg dunkel geworden ist,
den Trauernden und Sterbenden.

Sende deine Liebe und deinen tröstenden Geist,
dass sie sich in deinen Händen aufgefangen wissen.

Lass dein Licht leuchten,
damit es hell wird in unseren Kirchen.

Sende dein Licht,
deine Hoffnung,
deine Liebe
und deinen Geist,
der uns zu deinen Kindern macht.

2. Sonntag nach Epiphanias

E. Herrmann

Von seiner Fülle haben wir alle genommen
Gnade um Gnade.
Johannes 1,16

Manchmal denkt man, Gott müsste einem in all den Widerständen des Lebens ein sichtbares Zeichen geben, das einem hilft.
Aber dies ist eben sein Zeichen:
dass er einen durchhalten lässt und es wagen und erdulden lässt.
Jochen Klepper (1903–1942)

Predigttexte

I Römer 12,9–16
II Jeremia 14,1(2)3–4(5–6)7–9
III Johannes 2,1–11
IV 1. Korinther 2,1–10
V 2. Mose 33,18–23
VI Hebräer 12,12–18(19–21)22–25a

MEIN GOTT. DEIN GOTT. UNSER GOTT.

Tagesgebet

Jede und jeder,
Gott,
begegnet dir auf andere Weise.
Jede und jeder
sieht dich mit anderen Augen.
Hört dich mit anderen Ohren.
So wie nur sie dich sehen,
so wie nur er dich hören kann.
Als ihren,
als seinen Gott.

Und doch,
Gott,
bist du derselbe.

Für jede und jeden.

Bist da,
wie nur du da sein kannst.
Als Vater, als Mutter,
als Bruder, als Schwester.
Mensch geworden.
Für uns.
Dank sei dir.

ZEIGE DICH UNS

Fürbittengebet

Viele von uns,
Gott,
können aus dem Vollen schöpfen.

Sie haben alles, was sie brauchen.
Und vieles mehr.

Dank sei dir,
Gott,
dass es uns so gut geht.
Den meisten jedenfalls.
Aber nicht allen.

Viele müssen mit Wenigem zurechtkommen.
Hierzulande
und erst recht in den Ländern der Erde,
in denen Hunger und Not,
Mangel und Elend,
Krankheiten und Katastrophen,
Terror und Gewalt
den Alltag bestimmen
und das Leben gefährden.

Sie warten.
Auf gesundes Wasser,
auf sättigende Nahrung,
auf heilende Medikamente,
auf Menschen,
die ihnen helfen, zu leben und zu überleben.

Sie warten
auf ein Wunder.
Auf das Wunder
des Sattwerdens,

des Gesundwerdens,
des Geborgenseins,
des Friedens.

Sie warten auf dich,
Gott.

Wir bitten dich:
zeige dich ihnen.

Lass sie
deine Gnade erfahren,
deine Güte spüren,
deine Barmherzigkeit erleben.

Zeige dich ihnen.

Durch Menschen,
die ihnen zur Seite stehen
mit den Mitteln und Möglichkeiten,
die sie haben;

mit ihrer Zeit, mit ihrem Geld,
mit ihrem Wissen, mit ihrem Verständnis,
mit ihrer Liebe, mit ihrem Glauben.

Zeige dich ihnen.
Durch uns,
die wir darauf vertrauen,
dass du uns die Kraft gibst,
die *wir* brauchen,
um für die da zu sein,
die *uns* brauchen.

Darum bitten wir dich,
Gott.

3. Sonntag nach Epiphanias

M. Lehnert

Es werden kommen von Osten und von Westen,
von Norden und von Süden,
die zu Tisch sitzen werden im Reich Gottes.
Lukas 13,29

Wer nichts verändern will,
wird auch das verlieren,
was er bewahren möchte.
Gustav Heinemann (1899–1976)

Predigttexte

I Johannes 4,5–14
II Apostelgeschichte 10,21–35
III Rut 1,1–19a
IV Matthäus 8,5–13
V Römer 1,13–17
VI 2. Könige 5,(1–8)9–15(16–18)19a

MIT ZUVERSICHT LEBEN

Tagesgebet

Gott,
schon liegt das Weihnachtsfest wieder einige Wochen zurück.
Längst sind wir im neuen Jahr angekommen
und haben
manche Überraschung erlebt.
„Fürchtet euch nicht!“[10]
So haben die Engel
die Botschaft von der Geburt des Retters eingeleitet.

Wir bitten dich:
Schenke uns den Glauben,
dass das Licht der Heiligen Nacht
unsere Ängste und Unsicherheiten verwandeln kann –
in ein Leben der Zuversicht.

LICHT DES LEBENS

Fürbittengebet

Gott,
ohne Licht gibt es kein Leben.
So wissen wir es aus der Biologie.

Licht wurde es schon zu Beginn der Schöpfung,
und seitdem gibt es dieses Licht,
dein Licht,
unser Licht des Lebens.

Wir bitten dich:
Lass durch dein Licht Hoffnung wachsen,
wo es dunkel ist,
wo Menschen zu wenig zum Leben haben,
wo Menschen in Angst vor Terror leben müssen,
wo Menschen trauern.

Wärme Menschen durch dein Licht,
wo Kälte herrscht.
Kälte der Gefühle,
Kälte der Ausgrenzung,
Kälte der Berechnung.

Sei Orientierung
im künstlichen Licht der Tage und Nächte,
im grellen Licht,
das zu verhängnisvollen Zielen locken will.

Lass uns immer auf den schauen,
der zu uns sagt:
„Ich bin das Licht der Welt.“[11]

Gott,
Licht hat die Kraft,
zu verändern
und Neues wachsen zu lassen.

So wirst du unser Leben stärken,
für andere leuchten lassen
und am Ende in ein neues Leben verwandeln.

Wir danken dir – und bitten dich,
du Licht unseres Lebens.

Letzter Sonntag nach Epiphanias

E. Herrmann

Über dir geht auf der HERR, und seine Herrlichkeit erscheint über dir.
Jesaja 60,2b

Ich muss nicht unbedingt gewinnen, aber ich muss ehrlich sein. Ich muss nicht unbedingt erfolgreich sein, aber ich muss nach dem Licht streben, das in mir ist.
Abraham Lincoln (1809–1865)

Predigttexte

- I 2. Mose 3,1–8a(8b–9)10(11–12)13–14(15)
- II Offenbarung 1,9–18
- III 2. Petrus 1,16–19(20–21)
- IV 2. Mose 34,29–35
- V Matthäus 17,1–9
- VI 2. Korinther 4,6–10

LICHT IN DER FINSTERNIS

Tagesgebet

„Es werde Licht"[12]
hast du gesagt,
Gott,
und die Finsternis vertrieben.

„Es werde Licht",
sagst du immer wieder,
wenn düstere Wolken über uns stehen
und uns die Sicht nehmen.

Die Sicht
auf den rettenden Weg,
der uns aus der Dunkelheit herausführt,
auf die Weite unserer Möglichkeiten,
die uns hinter dem Berg unserer Ängste erwartet,
auf den Menschen an unserer Seite,
der uns an der Hand nimmt und der uns Halt gibt.

Wir danken dir,
Gott,
für das Licht,
mit dem du unser Leben hell machst.
Immer wieder neu.

WENN NICHTS MEHR GEHT

Fürbittengebet

Verletzlich,
wie wir sind,
verwundbar, zerbrechlich,
gezeichnet von den Lasten des Alltags
und den Wirren des Lebens
danken wir dir,
Gott,
dass du uns immer wieder aufrichtest,
hältst, hilfst und heilst.

Wir danken dir
für die Kraft,
mit der du uns stark machst,
wenn wir uns schwach fühlen,
für den Mut, den du uns machst,
wenn wir es mit der Angst bekommen,
für das Licht, das du in uns entzündest,
wenn wir von Dunkelheit erfüllt und umgeben sind.

Wir bitten dich,
Gott,
schenke diese Kraft, diesen Mut,
dein Licht
allen,
die ein tiefes Tal durchschreiten müssen,
die in engen Grenzen gefangen sind,
die vor hohen Mauern stehen und nicht mehr weiter kommen.

Allen,
deren Leben aus den Fugen geraten ist,
die den Boden unter den Füßen verloren haben,
über denen der Himmel zusammengebrochen ist.

Allen,
die eine traurige Nachricht verkraften müssen,
die über eine schwere Enttäuschung hinwegkommen müssen,
die eine schlimme Katastrophe erlebt haben,
die vor dem Nichts stehen
und wieder ganz von vorn anfangen müssen.

Sei du bei ihnen,
Gott,
und hilf ihnen heraus
aus ihrer Not,
aus ihrer Krise,
aus ihrer Enge,
aus ihrer Dunkelheit ihres Lebens

und lass dein Licht und deine Herrlichkeit
hell leuchten
über ihnen.

5. Sonntag vor der Passionszeit

B. Schwalbe

Der HERR wird ans Licht bringen,
was im Finstern verborgen ist,
und wird das Trachten der Herzen offenbar machen.
nach 1. Korinther 4,5b

Wir können Gott mit dem Verstande suchen,
aber finden können wir ihn nur mit dem Herzen.
Joszef von Eötvös (1813–1871)

Predigttexte

I + IV	1. Korinther 1,4–9
II + V	Jesaja 40,12–25
III + VI	Matthäus 21,28–32

LICHT IN UNSERE DUNKELHEIT

Tagesgebet

Gott,
du kommst hinein
in die Dunkelheit
unserer Gedanken
und lässt uns
dein klares,
helles Licht sehen.

Lass uns jetzt
nicht die Augen verschließen,
sondern dir
voller Hoffnung,
Vertrauen und
Zuversicht
entgegensehen –
auch wenn uns
jetzt vielleicht
noch nicht alles klar erscheint,
wir nicht alles
auf Anhieb verstehen.

Gib uns Geduld
zum Hören
auf dein Wort,
zum Festhalten
am Gebet,
zum Einstimmen
in dein Lob.

Erfülle uns mit deinem Licht –
heute, in diesem Gottesdienst,
und jeden Tag wieder neu.

GELEIT FÜR UNSERE WEGE

Fürbittengebet

Christus,
du Licht der Welt,

so, wie uns die Sonne blendet,
wenn wir uns lange
im Dunkeln aufgehalten haben,
schrecken wir oft zurück,
wenn wir konfrontiert werden
mit den Erwartungen,
die deine Worte enthalten.

Wir bitten dich:
Lass uns das Licht deiner Wahrheit
mehr lieben
als die Dunkelheit oder den Halbschatten,
die so oft unser Leben,
unser Reden und Handeln
bestimmen wollen.
Gib uns Klarheit und freundliche Bestimmtheit
in allem,
was wir tun und entscheiden.

Gib den Regierenden
in allen Ländern dieser Welt
die Weisheit und den Willen,
Entscheidungen zu treffen,
die dem Wohl der Bevölkerung
und nicht nur
dem eigenen Wohlergehen dienen.
Lass Menschen überall erkennen,
wenn ihnen leere oder
falsche Versprechungen
gemacht werden.

Sei bei denen,
die enttäuscht sind,
weil sich ihre Hoffnungen nicht erfüllt haben:
in ihrer Ehe,
ihrer Familie,
an ihrem Arbeitsplatz,
weil sich ihr Gesundheitszustand nicht bessert,
weil ein lieber Mensch verstorben ist.
Stärke sie
und gib ihnen die Kraft,
jeden neuen Tag
mutig
und im Vertrauen auf dich
anzugehen.

Öffne uns die Augen,
damit wir sehen,
wer unsere Hilfe braucht:
durch einen Besuch,
durch ein Gespräch,
durch eine liebevolle Umarmung,
durch unser Gebet.

Begleite mit deinem Segen alle,
die in der Kirche tätig sind:
für den oder im Gottesdienst,
in der Kinder- und der Jugendarbeit,
in der Erwachsenen- und Seniorenarbeit,
in der Musik oder der Verwaltung.

Sende uns
dein Licht,
dass es uns leite
und begleite auf all unseren Wegen.

4. Sonntag vor der Passionszeit

K. Eberius

Kommt her und sehet an die Werke Gottes,
der so wunderbar ist in seinem Tun an den Menschenkindern.
Psalm 66,5

Wir warten auf einen neuen Himmel und auf eine neue Erde,
und unsere Identität ist dort, wo wir noch nie waren,
in der wahren Heimat der Menschen, einer Erde ohne Krieg.
„Dein bin ich, o Gott" bedeutet, dass ich mich fallen lassen kann,
aber es heißt auch, dass meine Wünsche für mein Leben nicht
klein und ängstlich sein müssen, sondern gerade so groß wie die
Wünsche und Verheißungen dessen, dem ich gehöre.[13]
Dorothee Sölle (1929–2003)

Predigttexte

- I Markus 4,35–41
- II 2. Korinther 1,8–11
- III Jesaja 51,9–16
- IV Matthäus 14,22–33
- V Markus 5,24b–34
- VI 1. Mose 8,1–12

VOM HEILAND WISSEN – DAS LEBEN ERWARTEN

Tagesgebet

Gott,
du bist da.

Darum kommen wir zu dir
und erwarten beides:
Dass du unser Leben trägst
und dass du unsere Hoffnung stärkst.

So lange schon gehst du den Weg.
Du hast das Heil gebracht und hast dem Unheil Schranken gesetzt.
Seit jenen Kindertagen leben wir mit dir
und sind gewiss:
bei dir ist Heil, ist Leben.

Vor uns nun liegt der Weg zu dir;
steil bergan, wie du ihn selbst gegangen bist,
und dennoch zugleich hell und weit.
Du forderst uns heraus
und zugleich mutest du erneut
uns Leben zu.

So folgen wir dir nach.
Nicht blind, doch sehend, was wir hören: „Ich bin bei dir."[14]
Wir fangen neu zu gehen an,
voll Zuversicht ist ausgestreckt die Hand nach dir.

Komm,
guter Gott,
in unsre Zeit und Welt –
und reiche uns die Hand
zum Leben.

BEWAHRE UND ERNEUERE DAS LEBEN, GOTT

Fürbittengebet

Gott
des Lebens,

am ersten Tag der Woche haben wir Zeit für uns.
Dankbar erinnern wir uns daran:
Nach deinem Willen
kennt unser Leben nicht nur Arbeit und Mühen.
Nach deiner Ordnung
ist immer auch Zeit für Ruhe und Gemeinschaft.

Wir danken für die Ermutigung in dieser Stunde durch dein Wort.
Es tut uns gut, dass du auch heute bei uns bist
und mit deiner Gemeinde in die neue Woche gehst.

Bewahre und erneuere das Leben.
Wir bitten dich für alle, denen immer wieder der Atem stockt,
weil sie bis an die Grenzen ihrer Kräfte beansprucht werden,
und bitten dich für sie um täglich neue Lebenskraft.

Bewahre und erneuere das Leben.
Wir bitten dich für alle, deren Lebensgeister
durch Krankheiten und Gebrechen verschlissen sind,
dass du ihnen neue Lebenskraft schenkst und sie bewahrst.

Bewahre und erneuere das Leben.
Wir bitten dich für alle Einsamen
und für alle, die sich zurückgezogen haben.
Wenn sie einen Groll hegen,
hilf du, dass Versöhnung gelingt.
Wenn sie auf Ermutigung warten,
lass du sie auf die eigenen Kräfte vertrauen.

Bewahre und erneuere das Leben.
Wir bitten dich für alle, die als Eltern, als Mutter oder Vater
für Kinder Verantwortung tragen,
dass du ihre Liebe stärkst.
Gerade dann, wenn Spannungen das Miteinander erschweren
und dem gegenseitigen Verständnis zu enge Grenzen setzen,
gib ihnen Zutrauen füreinander und stärke ihre Zuversicht zu dir.

Bewahre und erneuere das Leben.
Wir bitten dich für alle, die dazulernen müssen –
im Kreis der Familie, in Schule und Beruf,
in fremder oder täglich gewohnter Umgebung.
Gib den Eifrigen Beständigkeit,
den Müden und Wankelmütigen zeige ein lohnendes Ziel;
die verzagen und aufgeben wollen,
halte selbst
oder bestimme ihnen eine hilfreiche Hand.

Bewahre und erneuere das Leben.
Wir bitten dich für die Liebenden in jedem Alter,
dass sie nicht aufhören, einander zu suchen.
Lenke unsere Blicke zueinander.
Mache uns achtsam füreinander und lehre uns, Gutes zu tun.

Bewahre und erneuere das Leben.
Wir bitten dich für alle, deren Tage gezählt sind,
die sterben in dieser Zeit.
Mache uns gewiss, dass du da bist und trägst,
was immer uns auch widerfährt.

Uns alle lehre, auf dich zu vertrauen,
Gott,
Vater, Sohn und Heiliger Geist.

3. Sonntag vor der Passionszeit – Septuagesimae

S. Thürmel

Wir liegen vor dir mit unserm Gebet
und vertrauen nicht auf unsre Gerechtigkeit,
sondern auf deine große Barmherzigkeit.
Daniel 9,18b

Es gibt zwei Klassen von Menschen: die Gerechten und Ungerechten.
Die Einteilung wird von den Gerechten vorgenommen.
Oscar Wilde (1854–1900)

Predigttexte

I Prediger 7,15–18
II Matthäus 20,1–16
III Philipper 2,12–13
IV Jeremia 9,22–23
V Matthäus 9,9–13
VI 1. Korinther 9,19–27

GOTTES MASSSTÄBE

Tagesgebet

Unsere Welt,
in der wir leben,
Gott,
hat ihre Gesetze:
Reichtum und Stärke,
Schönheit und Weisheit,
Macht und Einfluss.
Wer nach diesen Regeln spielt,
kann viel für sich erreichen.

Du,
Gott,
legst andere Maßstäbe an:
Barmherzigkeit und Liebe,
Recht und Gerechtigkeit,
Glauben und Vergebung.

In deiner Welt,
Gott,
hat jeder einen Platz
und jede ist willkommen an deinem Tisch.
Du siehst, was jeder braucht,
und schaffst auch denen Recht,
die keine Stimme haben.

Wir bitten dich,
lass uns die Kraft erkennen,
die in deiner Gerechtigkeit
und deiner Barmherzigkeit liegt.

Lass uns darauf vertrauen,
dass sie der Weg sind,
der uns zur Seligkeit führt.

WARMHERZIGKEIT

Fürbittengebet

Wir danken dir,
Gott,
für all deine Warmherzigkeit, mit der du uns begegnest.

Du siehst nicht auf das, was vor Augen ist,
sondern siehst unser Herz an.[15]

Du richtest uns auf, wenn wir fallen,
du hast Worte des Trostes und des Zuspruchs für uns.
Du schenkst uns Vergebung und neue Wege,
du bist uns Licht und schenkst uns Kraft.

Du gibst uns nie auf
und zählst uns niemals zu den Verlorenen.
Du kennst durch deine Gerechtigkeit
immer einen Weg, der zu dir führt,
und gehst uns selbst entgegen.

Du schenkst uns, was uns niemand sonst geben kann:
Geleit im Tod und ewige Seligkeit bei dir.
Dafür danken wir dir.

Wir bitten dich für alle Menschen,
die das Wort Barmherzigkeit nicht kennen,
weil ihr Herz kalt ist und sie nur auf ihren Vorteil sehen.
Die Angst haben, zu viel zu verlieren,
wenn sie auf das Wohl des Nächsten achten.
Begegne du ihnen mit Warmherzigkeit und Gerechtigkeit.

Wir bitten dich für alle Menschen,
die das Wort Barmherzigkeit nicht kennen,
weil ihnen nur mit Kaltschnäuzigkeit begegnet wird.
Die keine Zuwendung und Liebe,
Vergebung und Aufrichtigkeit, Beistand und Trost erfahren.

Begegne du ihnen mit Warmherzigkeit
und Gerechtigkeit.

Wir bitten dich für alle Menschen,
die das Wort Gerechtigkeit nicht kennen.
Weil sie meinen, dass ihre Bedürfnisse
der Maßstab aller Dinge sind
und sie die Macht oder das Geld haben,
alles, was ihnen zum Vorteil gereicht, durchzusetzen.
Begegne du ihnen mit Warmherzigkeit und Gerechtigkeit.

Wir bitten dich für alle Menschen,
die das Wort Gerechtigkeit nicht kennen,
weil sie in einer Welt leben,
in der sie nur Ungerechtigkeit erfahren.
Weil sie keinen Zugang zu Bildung und Arbeit,
zu Nahrung und sauberem Trinkwasser,
zu Medizin und Freiheit haben.
Begegne du ihnen mit Warmherzigkeit und Gerechtigkeit.

Wir bitten dich für alle Menschen,
die das Wort Recht nicht kennen.
Weil sie die Rechte Anderer nicht akzeptieren und achten.
Die nur das Recht des Stärkeren,
das Gesetz der Leistung und das Diktat des Geldes kennen.
Begegne du ihnen mit Warmherzigkeit und Gerechtigkeit.

Wir bitten dich für alle Menschen,
die das Wort Recht nicht kennen,
weil ihnen kein Recht widerfährt.
Wegen ihrer Hautfarbe oder ihrer Religion,
wegen ihres Geschlechts oder ihrer Herkunft
wegen geistiger oder körperlicher Beeinträchtigung
oder wegen längst überholter Vorurteile.
Begegne du ihnen mit Warmherzigkeit und Gerechtigkeit.

2. Sonntag vor der Passionszeit – Sexagesimae

K. Großmann-Bomhard

Heute, wenn ihr seine Stimme hört,
so verstockt eure Herzen nicht.
Hebräer 3,15

Im Sehen erfassen wir das Skelett der Dinge,
im Hören ihren Puls.[16]
Erwin Straus (1891–1975)

Predigttexte

I Apostelgeschichte 16,9–15
II Hesekiel 2,1–5(6–7)8–10; 3,1–3
III Lukas 8,4–8(9–15)
IV Hebräer 4,12–13
V Jesaja 55,(6–7)8–12a
VI Markus 4,26–29

HÖREN

Tagesgebet

Hören,
wirklich zuhören,
Gott,
fällt uns oft schwer.

So viele Stimmen um uns herum,
die uns beschäftigen, fordern und ängstigen.
Worauf sollen wir hören,
wem uns zuwenden?

So viele Stimmen in uns,
die uns umtreiben, antreiben und verwirren.
Worauf sollen wir hören,
was ist gut für uns?

Haben wir noch Ohren für dein Wort
in all dem Stimmengewirr?

Dring doch durch zu uns.
Mach uns die Herzen weit und die Ohren auf,
damit wir wissen,
was du von uns willst.

Öffne uns Sinne und Verstand,
damit dein lebendiges Wort
uns leuchte
und leite
heute und alle Tage.

DEIN WORT

Fürbittengebet

Gott,
wir haben dein lebendiges Wort gehört.
Du hast es uns ans Herz gelegt.

Lass es uns nicht hören
als sei es in den Wind gesprochen.
Lass es uns nicht hören,
als sei es nur eine Sonntagsrede.
Lass es uns uns zu Herzen nehmen
und mitnehmen in unseren Alltag und unsere Welt.

Dein Wort will weiterwirken.
Gib uns den Mut,
es mit der Welt zu teilen
in Worten und Taten.

Lass uns zu denen gehen,
die verzweifelt und verzagt sind,
und dein Wort der Hoffnung weitergeben.

Lass uns zu denen gehen,
die Schuld auf sich geladen haben,
und ihnen dein Wort der Barmherzigkeit zusprechen.

Lass uns zu denen gehen,
die Verantwortung in Politik und Gesellschaft tragen,
und dein Wort des Friedens verkündigen.

Lass uns zu denen gehen,
die gefangen und gefoltert werden,
und ihnen dein Wort des Widerstands zurufen.

Lass uns zu denen gehen,
die im Streit miteinander liegen,
und dein Wort der Versöhnung mit ihnen teilen.

Lass uns zu denen gehen,
die fragen und zweifeln,
und ihnen dein Wort der Liebe weitersagen.

Dein Wort,
Gott,
wirkt.
Auch dann, wenn *unsere* Worte versagen.

Es ist lebendig und kräftig und scharf.[17]
Es weist uns und der Welt den Weg.

Heute
und in Ewigkeit.

Sonntag vor der Passionszeit – Estomihi

B. Mayer-Schärtel

Seht, wir gehen hinauf nach Jerusalem,
und es wird alles vollendet werden,
was geschrieben ist durch die Propheten von dem Menschensohn.
Lukas 18,31b

Ich brauche keinen Sieg, um zu wissen,
dass meine Träume sinnvoll sind
– ich brauche nur an einen Prozess zu glauben,
dessen Teil ich bin.[18]
Audre Lorde (1934–1992)

Predigttexte

I Lukas 10,38–42
II Lukas 18,31–43
III Jesaja 58,1–9a
IV Markus 8,31–38
V 1. Korinther 13,1–13
VI Amos 5,21–24

BEREIT ZUM VERZICHT

Tagesgebet

Nicht alles,
Gott,
was möglich ist,
ist hilfreich und richtig.

Du zeigst uns das an Jesu Leben und Leiden,
an seiner Bereitschaft zum Verzicht.

So bitten wir heute
– zu Beginn der Passionszeit –
um deine Wegweisung,
wenn wir uns selbst auf den Weg machen
zum Fasten und zur Konzentration auf das Wesentliche,
zum Nein-Sagen und zu bewussterem Leben,
zur Absage an Protz und Konsum.

Steh uns bei und stärke uns.

Das bitten wir dich
im Blick auf Jesus Christus.

WENN DIE HOFFNUNG SCHWINDET

Fürbittengebet

Gott,
mit Blick auf den beginnenden Leidensweg deines Sohnes Jesus Christus
denken wir heute an alle Menschen,
die leiden,
und bitten dich
um deinen Beistand für sie
und um neue Kraft in hoffnungslosen Situationen.

Nimm dich derer an,
die unter der Einschränkung ihrer Freiheit und ihrer Lebensqualität leiden:
Kranke und Gefangene,
Menschen, die in finanzielle Not geraten sind
oder in Sackgassen, aus denen sie keinen Ausweg sehen.

Steh denen bei,
die in Kriegsgebieten und unsicheren Regionen ausharren müssen:
Opfer von Waffengewalt und Unterdrückung,
Verängstigte und Bedrängte,
Menschen, die nicht wissen,
ob sie in Ungewissheit und Not bleiben
oder sich auf einen gefahrvollen Weg der Flucht begeben sollen.

Sei bei allen,
die an sich selbst leiden:
An Enttäuschungen über falsche Entscheidungen,
selbstverschuldetem Verlust von Freundschaften,
an Trennungen und Konflikten in der Familie.

Halte aus mit allen,
die Angst vor der Zukunft haben:
Angst vor Einsamkeit,
vor drohender Pflegebedürftigkeit,
dem Verlust von Familienangehörigen.

Für jede und jeden
bitten wir dich:
Hilf ihr Kreuz zu tragen.
Sende Menschen, die helfen,
lass ihr Denken neue Weite erfahren
und
schenke ein Dennoch
und neuen Mut für die Zukunft.

1. Sonntag der Passionszeit – Invokavit

W. Reindlmeier

Dazu ist erschienen der Sohn Gottes,
dass er die Werke des Teufels zerstöre.
1. Johannes 3,8b

Versuchungen sind Vagabunden.
Wenn man sie freundlich behandelt,
kommen sie wieder und bringen andere mit.
Mark Twain (1835–1910)

Predigttexte

I Hebräer 4,14–16
II 1. Mose 3,1–19(20–24)
III Johannes 13,21–30
IV 2. Korinther 6,1–10
V Hiob 2,1–13
VI Matthäus 4,1–11

DEN VERSUCHUNGEN BEGEGNEN

Tagesgebet

Gott,
unser Vater,
du hast dich in deinem Sohn den Verlockungen des Bösen ausgesetzt.
Er hat der Versuchung widerstanden
und ist dir treu geblieben.

Du weißt,
wie auch wir jeden Tag diesen Angeboten begegnen,
die unsere Zuneigung, unsere Treue, unser Vertrauen einfordern.

Schenke uns täglich neu die Kraft,
die wir brauchen,
um bei dir zu bleiben.

DAS GUTE STARK MACHEN

Fürbittengebet

Gott,
wir treffen auf das Böse
in so vielen Gestalten.
Es macht uns fassungslos,
was Menschen einander antun.

Wir möchten alle Hoffnung darauf aufgeben,
dass das Gute stärker sei als das Böse.

Es tut uns im Herzen weh,
wenn wir erleben,
wie der Rücksichtslose den Nachsichtigen ausnützt,
wie der Starke den Sanftmütigen herumstößt,
wie der Betrüger das Mitleid des Gutherzigen für sich missbraucht.

Ja,
es ist eine Versuchung,
dass wir die eigenen Interessen vornean stellen.

Ja,
es ist eine Versuchung,
dass wir alles so hinnehmen,
wie es eben ist.

Wir bitten dich:
Schütze uns vor der lähmenden Resignation.

Beflügle in uns die Sehnsucht danach,
dass es gerechter zugehen möge.

Gib unseren Händen die Kraft,
dass wir dort anpacken,
wo es nötig ist.

Schenke unserem Denken die nötige Phantasie,
damit wir gute Ideen finden
für ein friedliches Miteinander.

Lass uns beharrlich bleiben im Glauben daran,
dass du das Gute in uns stark machst.

2. Sonntag der Passionszeit – Reminiszere

J. Pommer

Gott aber erweist seine Liebe zu uns darin,
dass Christus für uns gestorben ist,
als wir noch Sünder waren.
Römer 5,8

Wir sollen nur tiefer und wunderbarer hängen an dem, was war,
und lächeln: ein wenig klarer vielleicht als vor einem Jahr.[19]
Rainer Maria Rilke (1875–1926)

Predigttexte

I Johannes 3,14–21
II Römer 5,1–5(6–11)
III Jesaja 5,1–7
IV Matthäus 26,36–46
V Markus 12,1–12
VI 4. Mose 21,4–9

DAS GEHEIMNIS DER ERLÖSUNG HEISST ERINNERUNG

Tagesgebet

Wir erinnern uns
an deine Heilstaten,
Gott.

Aus dem Chaos des Ursprungs
hast du deine Schöpfung ins Leben gerufen
und sie wunderbar gestaltet.
Wir freuen uns an ihrer Schönheit,
ihrem Reichtum und ihrer Vielfalt.

Dein Volk Israel hast du aus der Sklaverei in die Freiheit geführt.
Du hast ihm und uns die Zehn Gebote gegeben,
die gemeinsames Leben ermöglichen und schützen sollen.

In Jesus bist du Mensch geworden und uns ganz nahe gekommen.

Sein Sterben am Kreuz hat alles,
was uns von dir und von anderen Menschen trennt,
weggenommen.

Durch seine Auferstehung haben wir eine lebendige Hoffnung
über den Tod hinaus.

Wir erinnern uns
an deine Heilstaten,
Gott.

Und wir danken dir.

ANS DANKEN DENKEN

Fürbittengebet

So viel Schönes gibt es in unserem Leben.
Gott,
wir danken dir.

Für das Licht der Sonne, die uns mit ihrer Wärme umgibt.
Für die Menschen, die du uns an die Seite gestellt hast.
Für die Gaben und Begabungen, mit denen du uns beschenkst –
unsere Fantasie und Kreativität,
unsere körperlichen und seelischen Kräfte,
unseren wachen Blick für das, was notwendig ist und guttut.

Wir danken dir,
Gott,
für ein gutes Wort, das neue Perspektiven eröffnet.
Dafür, dass wir Arbeit und unser Auskommen haben.

Öffne uns die Augen für deine Spuren in unserem Leben.
Lass uns ans Danken denken,
auch für Alltägliches,
auch für Kleinigkeiten,
auch für scheinbar Selbstverständliches.

Auch an unsere Grenzen erinnere uns immer wieder,
Gott,
damit wir nicht überheblich werden,
damit wir demütig sind, ohne uns minderwertig zu fühlen,
damit wir einen Blick bekommen für das, was wirklich zählt,
damit wir uns selbst und unsere Meinung nicht zu wichtig nehmen.

Der heutige Sonntag trägt den Namen „Reminiszere“:
„Gedenke,
Herr,
an deine Barmherzigkeit und an deine Güte,
die von Ewigkeit her gewesen sind.“[20]

Wir bitten dich,
Gott,
erinnere du dich an die Menschen, an die niemand denkt.
Die Einsamen, die keine Angehörigen und keine Freunde haben.
Die Kinder,
die selbst in unserem wohlhabenden Land unter Armut leiden.
Die Verzweifelten,
die sich von dir und den Menschen verlassen wähnen.
Die an dir zweifeln und am Leben zu verzweifeln drohen.
Die Sterbenden, an deren Seite keiner steht, der ihre Hand hält
und den Schweiß von ihrer Stirn streicht.
Die zu Unrecht Inhaftierten,
Gefolterten, Gequälten und Geschundenen,
denen niemand zu ihrem Recht verhilft
und deren Schreie ungehört verhallen.

Wir bitten dich,
Gott,
erinnere du dich an die Menschen,
denen das Nötigste zum Leben fehlt:
Essen und Trinken, ein paar Euro im Geldbeutel,
ein Dach über dem Kopf.

Erinnere dich auch an uns,
Gott,
wenn wir niedergeschlagen und traurig sind,
wenn die Probleme zu mächtigen Bergen werden
und wir uns klein und hilflos vorkommen,
wenn unser Glaube so zaghaft und unsere Hoffnung so klein ist.

Erinnere dich an uns,
Gott,
und schenke uns die dankbare Erinnerung an alles,
was du in unserem Leben Großes getan hast,
damit wir Mut schöpfen,
damit wir leben können –
heute, morgen und jeden Tag.

3. Sonntag der Passionszeit – Okuli

B. Mayer-Schärtel

Wer die Hand an den Pflug legt
und sieht zurück,
der ist nicht geschickt für das Reich Gottes.
Lukas 9,62b

Ich fühle mich in der ganzen Welt zu Hause,
wo es Wolken und Vögel und Menschentränen gibt.
Rosa Luxemburg (1871–1919)

Predigttexte

I Jeremia 20,7–11a(11b–13)
II Lukas 9,57–62
III Epheser 5,1–2(3–7)8–9
IV 1. Könige 19,1–8(9–13a)
V Lukas 22,47–53
VI 1. Petrus 1,1(13–17)18–21

IN GOTTES LIEBE LEBEN

Tagesgebet

Gott,
wenn wir hier in der Kirche zusammenkommen,
um miteinander zu singen, zu beten
und auf die alten und immer wieder neuen Worte
der Bibel zu hören,
dann hoffen wir,
deine Nähe zu spüren
und von dir Wegweisung für unser Leben zu erhalten.

Schenke uns deinen Beistand und
lass uns sehen und erkennen,
wie du in unserem Leben wirkst.
Durch andere Menschen
durch ein stilles, sanftes Säuseln deiner Anwesenheit,
durch deine Liebe, in der wir leben dürfen.

JESU AUFTRAG VERPFLICHTET

Fürbittengebet

Als Christinnen und Christen wissen wir uns von dir,
Gott,
in die Nachfolge deines Sohnes Jesus Christus
berufen.

Als deine Kinder,
Gott,
dürfen wir leben in der Liebe und im Licht.

Wir bitten dich um die Kraft deines guten Geistes
für uns und für alle,
die sich Jesu Auftrag verpflichtet fühlen.

Schenke Kraft, Ausstrahlung und Überzeugungsfähigkeit all denen,
die dein Wort verkünden
und sich in Diakonie, Gemeinde und Schule darum bemühen,
mit deiner Botschaft der Liebe und der Gerechtigkeit
andere Menschen zu erreichen und zu bewegen.

Steh allen bei,
die um ihres Glaubens willen
verfolgt und verspottet, geschmäht und benachteiligt werden,
damit sie dennoch festhalten an ihren Werten und Überzeugungen
und offen bleiben für Gespräche und Diskussionen.

An diejenigen denken wir,
die sich in ihrer Familie, in der Schule, im Freundeskreis
allein gelassen oder isoliert fühlen
oder gar verspottet werden,
weil ihnen ihr Glaube und ihre Religion wichtig sind
und weil sie sich an religiöse Bräuche oder Festtage halten.

Erfülle sie mit deiner Zuwendung.
Sei auch bei den Heimatlosen,
die aus ihren Beziehungen und Familien herausgefallen
oder geflohen sind,
dass sie eingebunden werden in gute Gemeinschaften
und ankommen bei Menschen, die ihnen Verständnis
entgegenbringen.

Auch für uns ganz persönlich bitten wir dich,
wenn wir verunsichert und voller Zweifel sind,
wenn wir dich und dein Wirken
nicht sehen können in unserer Welt und unserem Leben,
wenn wir nichts mehr von dir erwarten.

Besonders dann schenke uns deine Nähe
und erfülle uns mit Zuversicht und neuer Hoffnung.

4. Sonntag der Passionszeit – Lätare

M. Gorka

Wenn das Weizenkorn nicht in die Erde fällt und erstirbt,
bleibt es allein,
wenn es aber erstirbt, bringt es viel Frucht.
Johannes 12,24b

Sprache ist das Organ dieser Welt,
Schweigen das Geheimnis der künftigen.
Isaak der Syrer (gest. 460)

Predigttexte

I Johannes 6,47–51
II Jesaja 66,10–14
III Johannes 12,20–24
IV 2. Korinther 1,3–7
V Jesaja 54,7–10
VI Lukas 22,54–62

GOTT – AUCH IM DUNKELN NAH

Tagesgebet

Gott,
du bist da.
Das ist gut.
Manchmal fällt es uns schwer, das zu glauben.
Wir sehen dich ja nicht.
Hilf uns, trotzdem an dich zu glauben.

Jesus,
wir denken an dich.
Was hast du für uns durchgemacht.
Du kennst Angst und Tod.
Wenn wir Angst haben, möchten wir uns am liebsten verkriechen.
Entschuldige, wenn wir feige sind.
Hilf uns, mutiger zu sein, wo es nötig ist.

Heiliger Geist,
du schenkst uns das Leben.
Wir Menschen sind manchmal so am Ende,
von allen guten Geistern verlassen.
Dann könnten wir alles kaputtschlagen.
Lass uns auch dann nicht im Stich.
Verwandle uns zum Guten.

Gott,
unser Vater,
du machst alles neu.
Deine Güte ist groß.
Dunkel oder Licht – du bist da.

Du –
Gott, Vater, Sohn und Heiliger Geist.
Von Ewigkeit zu Ewigkeit.

GOTTES STIMME

Fürbittengebet

Gott,
deine Stimme ruft uns ins Leben.
Jeden Tag neu.
Deine Nähe nimmt uns die Angst.
Deine Liebe leitet uns.

Wir bitten dich,
bleibe bei uns,
dass wir deine Stimme nicht aus den Ohren verlieren.
Gib uns den richtigen Ton, miteinander in Einklang zu kommen.
Gib uns das rechte Wort zur rechten Zeit.
Lehre uns schweigen,
wo wir mit unseren Worten nur verletzen würden.

Deine Stimme möge uns zurückpfeifen,
wenn wir vor die Wand gelaufen sind.
Nimm uns die Angst und sei da,
wenn wir ins Leere laufen.
Hilf uns zurück, wenn wir uns verrannt haben.
Sprich du uns leise vor, wo wir uns sonst den Mund fusselig reden.

Weit vor allen Tagen
rief deine Stimme schon die Welt ins Leben.

Gott,
wir bitten dich, gib du uns das rechte Maß vor,
wenn wir in Fehlentscheidungen und Vorurteilen gefangen sind.
Trage uns über die Mauern unserer starren Ansichten,
wenn wir den Sprung nicht wagen.
Bring uns wieder auf die richtige Spur.

Wo wir auch sind,
bist du da,
Gott.

Wir bitten dich für alle, die nicht vergeben oder vergessen können.
Hilf uns allen, Nachsicht zu üben.
Mach uns frei, aufeinander zuzugehen.
Verhilf uns zu einem Neuanfang,
auch mit denen, die es uns schwer machen.

Gott,
wo wir Fehler gemacht haben,
Schuld auf uns geladen haben,
da hilf uns zur Umkehr.

Lass uns dein Wort durch den Kopf gehen,
dass wir nicht verloren sind.
Deine Stimme in unserm Herzen helfe uns,
friedlicher und gnädiger miteinander umzugehen,
dass wir mehr miteinander reden,
statt uns immer nur unseren Teil zu denken.

Gott,
dein Ton macht unsere Musik.
Und wenn uns die Luft wegbleibt,
mögest du uns immer wieder neues Leben einhauchen.
Wenn wir im Boden versinken,
rufe dein Wort uns ins Leben zurück –
das erste und das letzte Wort,
das uns lebendig
und auch unsterblich macht.

5. Sonntag der Passionszeit – Judika

W. Reindlmeier

Der Menschensohn ist nicht gekommen,
dass er sich dienen lasse, sondern dass er diene
und gebe sein Leben als Lösegeld für viele.
Matthäus 20,28

Der einzige Mensch, der sich vernünftig benimmt,
ist mein Schneider.
Er nimmt jedes Mal neu Maß, wenn er mich trifft,
während alle anderen immer die alten Maßstäbe anlegen
in der Meinung, sie passten auch heute noch.
George Bernard Shaw (1856–1950)

Predigttexte

I Johannes 18,28–19,5
II Hebräer 13,12–14
III Hiob 19,19–27
IV Markus 10,35–45
V Hebräer 5,(1–6)7–9(10)
VI 1. Mose 22,1–14(15–19)

GOTT MISST NACH ANDEREN MASSSTÄBEN

Tagesgebet

Einmal wird es so weit sein,
Gott,
dass du mein ganzes Leben in deine Hand nimmst
und es genau betrachtest.
Da ist so vieles geschehen,
das ich am liebsten wieder rückgängig machen würde.
Ich schäme mich für viele Dinge,
die ich getan und gesagt habe.
Manchmal wäre mein Handeln gefordert gewesen,
aber ich war zu feige oder zu träge.

Dennoch brauche ich keine Angst haben
vor deinem Urteil:
Du hast andere Maßstäbe als wir Menschen.
Die Güte kommt bei dir zuerst,
das Kleine ist in deinen Augen groß,
das Dienen ist mehr wert als alle Macht.

Darauf hoffe ich,
wenn ich einmal vor dir stehen werde.

WAS UNS WICHTIG IST

Fürbittengebet

Wie wichtig ist es uns,
dass wir auf den guten Plätzen des Lebens sitzen dürfen.
Bewege uns dazu,
Gott,
dass wir den guten Platz nicht als unseren Besitz betrachten,
sondern frei machen auch für die anderen.

Wie wichtig ist es für uns,
dass andere Achtung und Respekt vor uns haben.
Das eigene Ansehen stellen wir gerne in den Vordergrund.
Hilf uns,
dass wir uns wenigstens manchmal frei machen können
von der Sorge darum,
was andere über uns denken.
Mach uns innerlich stark genug,
dass wir das Richtige tun,
ohne den Blick darauf zu werfen, was andere dazu sagen.

Wie wichtig ist es für uns,
dass wir Täter und nicht Opfer sind.
Und dabei wäre es oft so wichtig,
dass wir Unrecht an uns aushalten,
damit ein Schwächerer zu seinem Recht kommt.
Schenke uns immer öfter die Großzügigkeit, die dafür nötig ist.

Wie gerne schlüpfen wir in die Rolle von Jakobus und Johannes:
Wir möchten uns sonnen im Licht der Starken und Mächtigen.

Es fällt uns schwer,
deine Maßstäbe anzulegen:
Die Ersten werden die Letzten sein,
die eigentliche Macht besteht darin,
anderen zu dienen.

Mache uns immer wieder neugierig darauf,
deine Maßstäbe auszuprobieren,
uns auch einmal hinten in der Reihe anzustellen,
das Schöne im Unscheinbaren zu suchen,
das Stärkende im Leiden aufzuspüren,
unser Leben aus der Hand zu geben in deine wärmenden Hände.

Wir vertrauen darauf,
dass du uns dazu bewegen kannst.

6. Sonntag der Passionszeit – Palmsonntag

M. Lehnert

Der Menschensohn muss erhöht werden,
auf dass alle, die an ihn glauben,
das ewige Leben haben.
Johannes 3,14b.15

The winner takes it all.[21]
ABBA, 1980

Predigttexte

I Jesaja 50,4–9
II Markus 14,(1–2)3–9
III Hebräer 11,1–2(8–12.39–40); 12,1–3
IV Johannes 17,1–8
V Johannes 12,12–19
VI Philipper 2,5–11

SICHER GLAUBEN

Tagesgebet

Gott,
am Beginn der Karwoche haben wir die Bilder
gedanklich vor uns:
Jesus zieht in Jerusalem ein
und erlebt die jubelnden Menschen.
Wie schnell kippte damals,
– innerhalb weniger Tage –
diese Stimmung.
Lass uns im Auf und Ab des Lebens,
in Freud und Leid
beständig daran festhalten:
Jesus ist und bleibt der,
der unser Leben erlöst,
der uns
befreit.

Um diesen sicheren Glauben bitten wir dich,
den dreieinigen Gott.

AUF DEM WEG ZUM KREUZ

Fürbittengebet

Gott,
du hast uns zum Gottesdienst eingeladen.

Wir haben dein Wort gehört.
Jetzt bringen wir unsere Bitten vor dich:

Für diese Welt,
die immer wieder erschüttert wird
durch Leid und Terror.
Hilf uns,
den Betroffenen beizustehen
in Gebeten und Gedanken
und – wenn möglich – in Wort und Tat.

Für unsere Gemeinden
auf dem Weg in die Karwoche.
Lass sie nicht in trügerischen Stimmungen
und falschen Hoffnungen gefangen sein,
sondern aus der Kraft des Kreuzes leben.

Für alle,
die einen Leidensweg vor sich haben:
Ermutige sie, trotz Ängsten weiterzugehen,
und gib ihnen hilfreiche Begleiter.

Für unsere Kinder und Jugendlichen:
Schenke ihnen Menschen,
die ihnen - auch in belasteten Zeiten - zuhören
und Mut machen,
sich anzunehmen, wie sie sind.

Für die Menschen,
die
– auch mit viel Lebenserfahrung –
nach neuen Perspektiven suchen.
Hilf ihnen bei ihren Entscheidungen.

Und für uns selbst,
die wir mit Jesus unterwegs sind
durch alle Lebensphasen:
Lass uns bei ihm,
deinem Sohn und Erlöser bleiben
und aus ihm leben.

In Zeit und Ewigkeit.

Gründonnerstag

S. Schuster

Er hat ein Gedächtnis gestiftet seiner Wunder,
der gnädige und barmherzige HERR.
Psalm 111,4

Und scheide ich von dir,
so lasse ich dir mein Herz zurück.
Guillaume de Machaut (1300–1377)

Predigttexte

I 1. Korinther 11,(17–22)23–26(27–29.33–34a)
II 2. Mose 12,1–4(5)6–8(9)10–14
III Matthäus 26,17–30
IV 1. Korinther 10,16–17
V Lukas 22,39–46
VI Johannes 13,1–15.34–35

ZUR STÄRKUNG

Tagesgebet

An diesem Abend,
Jesus,
Sohn Gottes,
hast du dir Zeit genommen
für die, die du liebtest.

Du hast sie beschenkt
mit dem,
was Hoffnung macht
und Kraft gibt.

Du hast dein Leben gegeben.
Ein Zeichen gegen den Tod.

Wir bitten dich:
Schenk uns Vertrauen
in deine Kraft,
die über Grenzen hinweg
ins Leben führt.

Lass uns in Brot und Wein
deine Begleitung erfahren.
In diesen Zeichen bist du unter uns.
Auch heute noch.

ZUM GELEIT

Fürbittengebet

Wir sind beschenkt,
Gott,
mit dem, was das Leben
reich macht und was ihm Sinn gibt.
Doch denken wir heute auch an das, was leer bleibt.

Gott,
wir spüren den Hunger in der Welt.
Beschenke die Gierigen mit dem,
was wirklich satt macht,
und fülle die Teller derer,
die nichts
zu essen haben.

Gott,
für die Menschen,
die ausgegrenzt werden,
hoffen wir auf Teilhabe und Solidarität.

Für die Trauernden
und am Abschied Leidenden
bitten wir um Trost und Beistand.

Wir sind nahe allen,
die einen schwierigen Weg
vor sich haben.
Möge dein gutes Wort sie führen.

An steinigen Abschnitten und auf dunklen Pfaden
sollen deine guten Mächte auf sie warten.

Für Familien und Freunde,
für Nachbarn und Mitbewohner,
für Weggefährten und Verbündete,
für Feinde und Besserwisser,
Gott,
für die Menschen, mit denen wir unterwegs sind,
bitten wir
um Gemeinschaft
in deinem Geist.

Karfreitag

G. Stritar

Also hat Gott die Welt geliebt,
dass er seinen eingeborenen Sohn gab,
auf dass alle, die an ihn glauben,
nicht verloren werden, sondern das ewige Leben haben.
Johannes 3,16

Golgatha

Wann
wenn nicht
um die neunte Stunde

als er schrie
sind wir ihm
wie aus dem Gesicht geschnitten[22]
Eva Zeller (geb. 1923)

Predigttexte

I Johannes 19,16–30
II 2. Korinther 5,(14b–18)19–21
III Jesaja 52,13–15; 53,1–12
IV Lukas 23,32–49
V Kolosser 1,13–20
VI Matthäus 27,33–54

AUS DER TIEFE

Tagesgebet

Aus der Tiefe rufen wir zu dir,
Gott.
Aus der Tiefe unserer Not.
Aus der Tiefe unserer Schuld.
Aus der Tiefe unserer Angst.

Erhöre unsere Rufe.
Unsere Seufzer.
Unsere stummen Klagen.

Erhöre uns
und hilf uns.

Steh uns bei.
Tröste uns.
Stärke uns.

Durch dein gutes Wort.
Durch Brot und Wein,
die Zeichen deiner Nähe.

ER LUD AUF SICH UNSERE SCHMERZEN

Fürbittengebet

Fürwahr,
er trug unsre Krankheit
und lud auf sich
unsre Schmerzen.[23]

Gott,
dein Kreuz auf Golgatha
steht für die vielen Kreuze in unserer Welt,
unter denen Menschen heute leiden.

Du kennst ihre Schmerzen.
Du leidest mit ihnen.

Im Vertrauen darauf
bitten wir für sie.

Für alle,
die schwer an ihrer Schuld zu tragen haben:
dass sie Vergebung erfahren und neu anfangen können;

für die Kranken,
die keine Aussicht auf Heilung haben:
dass ihnen Menschen zur Seite stehen,
die sie trösten und stärken;

für die Sterbenden,
die von Ängsten geplagt sind:
dass vertraute Menschen sie auf ihrem schweren Weg begleiten;

für die Verzweifelten,
die alle ihre Hoffnungen begraben mussten,
die keinen Sinn mehr in ihrem Leben sehen:
dass sie neuen Mut schöpfen und ihr Leben wieder lieben;

für die Ehepaare und Partnerschaften,
die sich im Laufe der Jahre auseinandergelebt haben:
dass sie ihre Liebe wieder neu entdecken;

für die Armen und Schwachen –
weltweit und in unserer Nachbarschaft:
dass wir ihnen geben, was sie brauchen.
Mitgefühl – Respekt – Würde;

für die Menschen,
die wegen ihrer Herkunft oder ihres Glaubens
diffamiert und verfolgt werden:
dass wir für sie Partei ergreifen und sie in Schutz nehmen;

für die Frauen, Männer und Kinder,
die unter Krieg und Terror leiden:
dass wir sie nicht vergessen, sondern immer wieder an sie erinnern;

für die Flüchtlinge und Asylsuchenden,
die aus ihrer Heimat geflohen sind:
dass sie bei uns Schutz und Geborgenheit finden;

für alle,
die sich für Frieden und Versöhnung einsetzen,
für Gerechtigkeit und Solidarität:
dass sie nicht aufgeben,
dass sie spüren, wir stehen hinter ihnen;

für die Menschen,
die uns ganz besonders am Herzen liegen.
In der Stille nennen wir dir ihre Namen ...

Wir vertrauen darauf,
dass du uns nahe bist
und unsere Bitten hörst.

Ostern

K. Großmann-Bomhard

Christus spricht:
Ich war tot, und siehe, ich bin lebendig von Ewigkeit zu Ewigkeit und habe die Schlüssel des Todes und der Hölle.
Offenbarung 1,18

Es gibt zwei Arten sein Leben zu leben:
entweder so, als wäre nichts ein Wunder,
oder so, als wäre alles eines.
Ich glaube an Letzteres.
Albert Einstein (1879–1955)

Predigttexte

Osternacht

I 1. Thessalonicher 4,13–18
II 2. Timotheus 2,8–13
III Matthäus 28,1–10
IV Kolosser 3,1–4
V Jesaja 26,13–14(15–18)19
VI Johannes 5,19–21

Ostersonntag

I Johannes 20,11–18
II 1. Korinther 15,(12–18)19–28
III 2. Mose 14,8–14.19–23.28–30a; 15,20f.
IV Markus 16,1–8
V 1. Korinther 15,1–11
VI 1. Samuel 2,1–8a

Ostermontag

I Jesaja 25,6–9
II Lukas 24,36–45
III Offenbarung 5,6–14
IV Jona 2,(1–2)3–10(11)
V Lukas 24,13–35
VI 1. Korinther 15,50–58

DAS WUNDER DES LEBENS

Tagesgebet

Die ganze Schöpfung
jubiliert und jauchzt
über das Wunder des Lebens.

Du,
Gott,
hast uns von der Macht des Todes befreit.
Das feiern wir heute neu.

In uns singt und jubiliert
die neue Schöpfung,
das Leben,
das du uns schenkst.

Dank sei dir
für Lebendigkeit und Freude,
für Aufatmen und Lachen,
für dein Dasein
im Leben,
im Tod
und in Ewigkeit.

LASS ES OSTERN WERDEN

Fürbittengebet

Gott,
gestern noch waren wir vom Tod umfangen.
Heute stehen wir mit Christus auf.

Gestern noch drückten uns Sorgen nieder.
Heute ist der Stein, der uns niederdrückt,
weggewälzt.

Gestern noch schnürte uns Angst die Kehle zu.
Heute singen wir dein Lob.

Gestern noch sahen wir keine Zukunft.
Heute wagen wir uns wieder ins Leben.

Heute,
da wir das Leben neu geschenkt bekommen,
durch Jesus Christus,
deinen Sohn,
bitten wir
voll Vertrauen
für die,
die noch im Tod gefangen sind.

Lass es Ostern werden für alle,
deren Leben durch Krieg und Vertreibung
bedroht ist.

Lass es Ostern werden für alle,
die an Hunger und mangelndem Wasser leiden.

Lass es Ostern werden für alle,
die krank sind oder im Sterben liegen.

Lass es Ostern werden für alle,
die mutlos, traurig und verzagt sind.

Lass es Ostern werden.
Heute.
Für alle Menschen
und an allen Orten.

Lass uns durch die Kraft der Auferstehung
aufstehen für das Leben
und uns einsetzen
für Frieden und Gerechtigkeit,
für menschenwürdiges Leben und Sterben,
für Mut und Freude.

Dir
sei Dank und Lob
allezeit.

1. Sonntag nach Ostern – Quasimodogeniti

B. Schwalbe

Gelobt sei Gott, der Vater unseres Herrn Jesus Christus,
der uns nach seiner großen Barmherzigkeit wiedergeboren hat
zu einer lebendigen Hoffnung
durch die Auferstehung Jesu Christi von den Toten.
1. Petrus 1,3

Wer von der Hoffnung lebt, tanzt ohne Musik.
Aus Großbritannien

Predigttexte

I 1. Petrus 1,3–9
II Jesaja 40,26–31
III Johannes 21,1–14
IV Kolosser 2,12–15
V 1. Mose 32,23–32
VI Johannes 20,19–20(21–23)24–29

NEU ANFANGEN
Tagesgebet

Immer wieder
erzählt die Bibel davon,
dass du,
Gott,
Menschen einen Neuanfang schenkst.

An Ostern erst
haben wir wieder gefeiert,
dass durch die Auferweckung
deines Sohnes
Jesus Christus
das neue, ewige Leben
in die Welt gekommen ist.

Wir danken dir,
dass du uns dieses Geschenk machst.

So bitten wir dich,
Gott:

Begleite uns
und öffne unsere Ohren und Herzen,
damit wir jeden Tag
wieder neu
dieses Geschenk annehmen
und unser Leben
dadurch bereichern lassen.

Das bitten wir
durch Christus,
den Auferstandenen,
der mit dir und dem Heiligen Geist
lebt und Leben schenkt.

NEUE WEGE GEHEN

Fürbittengebet

Gott,
du hast uns
durch die Auferstehung deines Sohnes
Grund zu Hoffnung und Freude gegeben.

Wir danken dir,
dass wir durch unsere Taufe
hineingenommen sind
in die Gemeinschaft derer,
die nach dir fragen und ihre Hoffnung auf dich setzen.

Deshalb bitten wir dich:
Stärke unseren Glauben –
auch gegen den Augenschein.
Steh uns bei,
dass wir
bei Problemen und Enttäuschungen
nicht gleich den Kopf hängen lassen
oder verzweifeln.
Schenke uns den Mut,
die Hand zur Versöhnung zu reichen,
Neuanfänge zu wagen,
neue Wege einzuschlagen.

Wir bitten dich für die Länder,
in denen die politische Lage unsicher ist,
in denen verschiedene Volksgruppen
oder religiöse Gruppierungen
gegeneinander kämpfen:
Lass sie Wege erkennen –
zueinander und miteinander,
damit die Menschen dort
wieder voller Hoffnung und Freude
leben können.

Wir bitten dich für unsere Kirchen:
So mancher Schritt wurde gewagt
aufeinander zu.
Lass uns beharrlich sein
in der Suche nach dem Gemeinsamen.
Hilf uns, nicht nachzulassen,
auch bei unbequemen Themen
miteinander im Gespräch zu bleiben
und nach Lösungen zu suchen.

Wir bitten dich für die Menschen,
die nicht mehr wissen,
wie es weitergehen soll –
mit ihnen persönlich,
in ihrer Familie,
an ihrem Arbeitsplatz.
Steh ihnen bei,
lass sie spüren,
dass du bei ihnen bist
auf allen ihren Wegen.
Lass sie entdecken,
dass abseits der gewohnten,
aber auch ausgetretenen
Pfade ihres Lebens
Schönes, Hilfreiches,
und viele Möglichkeiten
zu entdecken sind.

„Ich lebe, und ihr sollt auch leben“[24],
hat Christus gesagt.

Das ist und bleibt
der Grund unserer Hoffnung.

Mit dieser Zuversicht
wollen wir in die Woche gehen, die vor uns liegt.

2. Sonntag nach Ostern – Misericordias Domini

G. Kainz

Christus spricht:
Ich bin der gute Hirte.
Meine Schafe hören meine Stimme und ich kenne sie
und sie folgen mir;
und ich gebe ihnen das ewige Leben.
Johannes 10,11a.27–28a

Ohne den Hirten wird aus Schafen nie eine Herde.
Aus Rumänien

Predigttexte

I Johannes 10,11–16(27–30)
II 1. Petrus 2,21b–25
III Hesekiel 34,1–2(3–9)10–16.31
IV Johannes 21,15–19
V 1. Petrus 5,1–4
VI 1. Mose 16,1–16

GEFÜHRT, GEBORGEN, GENÄHRT

Tagesgebet

Gott,
in Jesus Christus
hast du uns den guten Hirten gesandt.
Wir bitten dich,
mach uns durch ihn zu deiner Herde,
geführt von deiner wegweisenden Hand,
geborgen in deiner befreienden Liebe,
genährt auf deinen saftigen Weiden.
Damit auch wir Plätze von Trost und Zuversicht schaffen
für die Welt.

Das bitten wir durch Jesus Christus,
unsern Hirten,
der mit dir und dem Heiligen Geist
lebt und Leben schenkt
in Ewigkeit.

VON HIRTEN UND SCHAFEN

Fürbittengebet

Gott,
wir bitten dich für alle,
die zu Christus gehören,
dass sie seine Stimme hören und ihm folgen –
auch in entlegenen Tälern des Lebens;
für alle,
die sich von ihm weg verirrt haben
in unwirtliches Gelände,
dass der gute Hirte sie findet und heimbringt.

Wir bitten für alle,
die mit ihrem Glauben alleinstehen
und sich nach Gemeinschaft – einer Herde – sehnen,
dass sie vor Mutlosigkeit bewahrt bleiben;
für alle,
die im Dienst der Verkündigung stehen,
dass sie den Ruf des guten Hirten weitergeben,
aber auch selbst
entschlossene Hirten für die ihnen Anvertrauten sind.

Wir bitten für alle,
denen Menschenleben anvertraut sind
in Erziehung, Betreuung und Pflege,
dass sie ihre Aufgabe annehmen und erfüllen
in der Liebe des guten Hirten.

Wir bitten für alle,
die ihr Leben einsetzen, um andere Leben zu retten,
dass sie in aller Gefahr stets besonnen agieren
und sich selbst gehalten wissen.

Wir bitten für die Menschen
in den Krisengebieten der Erde,
dass sie die Hoffnung nicht verlieren
und nicht mutlos werden
im Kampf für Freiheit und Gerechtigkeit
und stets Kraft schöpfen aus der Beziehung zum guten Hirten.

Gott,
guter Hirte.

Durch dich sind wir alle Schafe *und* Hirten,
Menschen,
die hoffen und Hoffnung geben,
die getröstet sind und trösten,
die versöhnt sind und versöhnen,
die Frieden haben und Frieden stiften.
Dir sei Lob und Dank
in Ewigkeit.

3. Sonntag nach Ostern – Jubilate

J. Pommer

Ist jemand in Christus,
so ist er eine neue Kreatur;
das Alte ist vergangen, siehe, Neues ist geworden.
2. Korinther 5,17

Ich bin so knallvergnügt erwacht. Ich klatsche meine Hüften.
Das Wasser lockt. Die Seife lacht. Es dürstet mich nach Lüften.[25]
Joachim Ringelnatz (1883–1934)

Predigttexte

I Sprüche 8,22–36
II Johannes 15,1–8
III Apostelgeschichte 17,22–34
IV 1. Mose 1,1–4a(4b–25)26–28(29–30)31a(31b); 2,1–4a
V Johannes 16,16–23a
VI 2. Korinther 4,14–18

JAUCHZET DEM HERRN, ALLE WELT!

Tagesgebet

Danke,
Gott,
dass ich gesund aufgewacht bin,
meinen Körper spüre und mit allen Sinnen da bin.

Danke für die erquickende Tasse Tee oder Kaffee am Morgen
und die vielen kleinen Annehmlichkeiten.

Danke, dass ich hier sein und Gottesdienst feiern kann.

Danke, dass du mir begegnest –
in Gebeten, Liedern, Bibelworten und all denen,
die mit mir deine Gegenwart in unserer Mitte feiern.

Schenke mir die dankbare Erinnerung an mein Wohlgefühl heute,
wenn es mir einmal schlecht geht.

„Jauchzet dem Herrn, alle Welt,
lobe den Herrn, meine Seele!“[26]

DAS ALTE IST VERGANGEN, SIEHE, NEUES IST GEWORDEN[27]

Fürbittengebet

Gott,
in diesen Wochen des Frühlings
freuen wir uns über das Leben,
das uns in der ganzen Vielfalt der Formen, Farben und Düfte umgibt.

Wir preisen dich,
den Schöpfer und Erhalter des Lebens.

Wir preisen dich,
dass du Jesus,
unseren Bruder und Herrn,
nicht im Tode gelassen, sondern zu neuem Leben erweckt hast.

Seit dem Ostermorgen haben wir eine lebendige Hoffnung,
die über den Tod hinausreicht.
Eine Hoffnung, die unser Verstehen und Begreifen weit übersteigt.

Tod, Zerstörung und Vernichtung haben nicht mehr das letzte Wort,
Neues ist geworden.
Durch dich,
Gott.

So bitten wir dich,
halte in uns die Sehnsucht nach dem Neuwerden lebendig,
überwinde, was bei uns erstarrt ist
und festgefahren
und unbeweglich.

Gott,
wir bitten dich
für alle,
die nur am Gewohnten und Vertrauten festhalten wollen.
Schenke ihnen den Mut, der neue Wege geht;

für alle,
die in schlimmen Ereignissen der Vergangenheit gefangen sind.
Lass nicht zu, dass sie sich lähmen lassen,
sondern schenke ihnen die Kraft des Löwenzahns,
der sanft, aber unaufhaltsam
die Decken des Asphalts zu durchstoßen vermag.

Neues ist geworden.
Durch dich,
Gott.

Hilf uns, die eingefahrenen Gleise zu verlassen,
die eingespielten Mechanismen zu durchbrechen,
mit denen wir anderen erlittenes Unrecht heimzahlen,
trotz mancher Enttäuschung
den Glauben an das Gute nicht zu verlieren,
trotz allen Unrechts, das uns in der Welt millionenfach begegnet,
in unserer kleinen Welt gerecht zu handeln.

Lass uns unseren Mitmenschen offen begegnen –
unseren Eltern, Kindern, Verwandten und Freunden,
unseren Kolleginnen und Kollegen,
den vielen anderen, auf die wir in unserem Alltag treffen.

Neues ist geworden.
Durch dich,
Gott.

Erneuere deine Kirche.
Und fange bei uns an.

4. Sonntag nach Ostern – Kantate

G. Stritar

Singet dem HERRN ein neues Lied,
denn er tut Wunder.
Psalm 98,1a

Vögel singen
in einer Welt
die krank
lieblos
ungerecht ist

vielleicht
haben sie recht[28]
Andrea Schwarz (geb. 1955)

Predigttexte

I Apostelgeschichte 16,23–34
II 2. Chronik 5,2–5(6–11)12–14
III Lukas 19,37–40
IV Kolosser 3,12–17
V 1. Samuel 16,14–23
VI Offenbarung 15,2–4

SINGET DEM HERRN EIN NEUES LIED!

Tagesgebet

„Singet dem Herrn ein neues Lied,
denn er tut Wunder."[29]

Wir müssen nicht immer das alte Lied singen,
die alte Leier von Krieg und Gewalt,
von Hass und Gleichgültigkeit.

Wir können in das neue Lied einstimmen,
das du,
Gott,
angestimmt hast:
das Liebeslied von Frieden und Vertrauen,
von Mut und Zuversicht,
vom Wunder des Lebens.

Dieses neue Lied wollen wir singen
mit Herz und Mund,
mit unseren Händen,
mit unserem ganzen Leben.

Dir zum Lob
und uns zur Freude.

FÜR DIE, DENEN NICHT NACH SINGEN ZUMUTE IST

Fürbittengebet

Wir danken dir,
Gott,
für die Musik.
Sie macht uns froh und hilft uns, dich zu loben.
Doch es fällt uns nicht immer leicht,
ein frohes und dankbares Lied zu singen.

Wir denken an die Menschen,
denen nicht nach Singen zumute ist,
die von Zweifeln und Ängsten geplagt sind,
von Schuld und Trauer,
denen Leid und Sorgen
die Kehle zuschnüren.

Wir bitten
für die Mutlosen,
dass sie nicht aufgeben;

für die Einsamen,
dass sie die Nähe eines lieben Menschen spüren,

für die Kranken,
dass sie Trost und Zuspruch finden;

für die Trauenden,
dass sie loslassen können
und wieder einen Sinn in ihrem Leben sehen;

für die Verzweifelten,
dass sie neue Hoffnung schöpfen;

für die Verfolgten,
dass wir sie in Schutz nehmen und ihnen Zuflucht gewähren;

für die Menschen, die in Hunger und Armut leben,
dass unsere Gleichgültigkeit sie nicht tötet;

für alle, die von ihrer Schuld nicht loskommen,
dass ihnen vergeben wird.

Wir bitten
für die politisch Verantwortlichen,
dass sie sich von Recht und Gerechtigkeit leiten lassen
und den Schwachen Beistand leisten.

Wir bitten
für die Ökumene und die Kirchen auf der ganzen Welt,
dass sie für Verständigung und Toleranz eintreten,
für Frieden und Versöhnung.

Wir bitten
für unsere Organisten, Kantoren und Chöre,
dass ihr Singen und Musizieren mithilft,
dein Evangelium der Liebe zu verkündigen.

Wir bitten
für uns alle,
dass wir unseren Beitrag dazu leisten,
damit Menschen
mit ihrem ganzen Leben
in das frohe Lied des Glaubens und der Hoffnung
einstimmen können,
um dich zu loben.

5. Sonntag nach Ostern – Rogate

S. Thürmel

*Gelobt sei Gott, der mein Gebet nicht verwirft
noch seine Güte von mir wendet.*
Psalm 66,20

Gebet ist Leben aus Dankbarkeit. Dankbarkeit wächst aus dem Staunen über das, was ein Mensch hören und sehen, riechen und schmecken, fühlen und denken kann. (...) Es ist eine Lebenshaltung, in der ein Mensch andächtig auf das achtet, was ihm widerfährt, es aufmerksam wahrnimmt, genießt oder auch erleidet.
Das ganze Leben kann so zum Gebet werden.
Evangelisches Gesangbuch, Nr. 890

Predigttexte

I Johannes 16,23b–28(29–32)33
II Matthäus 6,5–15
III Sirach 35,16–22a *oder* Daniel 9,4–5.16–19
IV Lukas 11,1–4(5–13)
V 1. Timotheus 2,1–6a
VI 2. Mose 32,7–14

SIEH DU IN MICH HINEIN

Tagesgebet

Froh und dankbar bin ich,
Gott,
dass ich zu dir kommen kann,
mit all dem, was mich bewegt.
Mit meinem Dank, mit meiner Bitte, mit meiner Klage.

Doch oft ist es gar nicht so einfach,
Gott,
meine Gedanken so zu ordnen,
dass ich sie in geordneten Sätzen vor dich bringen kann.
Es fällt mir nicht leicht,
meinen Dank in Worte zu fassen,
meine Bitten zu formulieren,
und meine Klage aus Tränen in Sprache zu verwandeln.

Es ist mehr ein Gefühl in mir,
Gott,
dass ich deine Liebe und deine Gnade,
dein Erbarmen, dein Zuhören brauche
– jeden Tag neu.

Und so bitte ich dich,
Gott,
sieh du in mich hinein.
Du weißt besser als ich,
was ich brauche und was mir guttut.
Nimm meinen Dank an, für den ich keine Worte finde,
meine Bitten, die unausgesprochen bleiben,
und meine still geweinte Klage.

Ich bitte dich,
bleib mit deiner Gnade bei mir,
schenke mir dein Erbarmen und lass dein Licht leuchten in mir.

DIE KRAFT DES GEBETS

Fürbittengebet

Alles, was uns im Leben bewegt,
dürfen wir vor dich bringen.

Gott,
du hörst uns und erhörst uns.
Oft anders, als wir es uns wünschen.
Und doch findest du Wege, die wir gehen können.
Wir danken dir, dass wir uns dir anvertrauen dürfen.

Wir bitten dich für alle Menschen,
Gott,
die verlernt haben zu beten,
weil sie das Vertrauen in dich
und ihren Glauben verloren haben.
Sende deinen Geist
und lass sie neu Vertrauen fassen in dich
und die Kraft des Gebets.

Wir bitten dich für alle Menschen,
Gott,
die nicht dankbar sein können,
weil sie nur auf das blicken, was sie nicht haben
und was nicht in Ordnung ist in ihrem Leben.
Sende deinen Geist
und lass sie einen neuen Blick finden
für das, was schön und gelungen ist in ihrem Leben.

Wir bitten dich für alle,
Gott,
die zu stolz sind, um etwas zu bitten,
weil sie meinen, alles aus eigener Kraft leisten zu müssen.
Sende deinen Geist,
und lass sie erfahren, dass du Hoffnung und Kraft schenkst,
wenn sie sich trauen zu bitten.

Wir bitten dich für alle,
Gott,
die Stille nicht vertragen.
Die weder in sich hinein
noch auf dich in der Stille hören können.
Sende deinen Geist,
damit sie die Hektik des Alltags ablegen
und das, was sie in der Stille quält, vor dich bringen können,
damit sie den Segen der Ruhe erfahren.

Wir bitten dich für alle,
Gott,
die sie es nicht wagen, dir ihr Leid zu klagen.
Weil die meinen, es gehöre sich nicht,
weil sie sich für ihr Leid schämen,
oder keine Hoffnung haben.
Sende deinen Geist,
damit sie den Mut finden, ihr Leid zu teilen,
mit anderen Menschen und mit dir, der du alles wenden kannst.

Wir bitten dich für alle,
Gott,
die der Kraft des Gebetes nichts zutrauen,
weil sie das Gefühl haben, nicht erhört worden zu sein.
Sende deinen Geist,
damit sie Vertrauen finden in die Wege, die du sie führst,
und in die Kraft, die du schenkst,
um Schweres zu bestehen.

Wir danken dir für alle Menschen,
Gott,
die für uns beten
und mit denen wir über die Welt im Gebet verbunden sind.
Lass uns aus der Kraft des Gebetes
und durch unser Vertrauen in dich
glauben, lieben und hoffen.

Christi Himmelfahrt

E. Herrmann

Christus spricht:
Wenn ich erhöht werde von der Erde,
so will ich alle zu mir ziehen.
Johannes 12,32

Imagine there's no heaven ...[30]
John Lennon (1940–1980)

Predigttexte

I 1. Könige 8,22–24.26–28
II Johannes 17,20–26
III Epheser 1,(15–20a)20b–23
IV Daniel, 7,1–3(4–8)9–14
V Lukas 24,(44–49)50–53
VI Apostelgeschichte 1,3–11

WIE IM HIMMEL, SO AUF ERDEN

Tagesgebet

Wie ein großes Zelt
hast du,
Gott,
den Himmel über uns gespannt.
Über unsere Welt,
über unsere Zeit,
über unser Leben.

Dein Himmel.
Das Zelt,
das uns behütet,
das uns beschützt,
das uns birgt.

Und das uns doch nicht einengt,
sondern das unseren Blick weitet
für alles,
was du uns schenkst
wie im Himmel, so auf Erden.

Dank sei dir,
Gott.
Alle Zeit und
in allen Landen.

ÖFFNE DEN HIMMEL
Fürbittengebet

Himmel.
Wieviel Gutes kommt uns in den Sinn,
wenn wir daran denken.

Himmel.
Heimat.
Zuhause.

Wir danken dir,
Gott,
für unseren,
für deinen Himmel
und für alles, was er für uns bedeutet.

Wir danken dir
für den Himmel,
den du über uns aufgehen lässt.
Für Große und Kleine, für Junge und Alte,
für jeden Menschen, für jedes Geschöpf,
für jedes Leben.

Wir bitten dich,
Gott:
Öffne den Himmel
und lass dein Licht sehen
alle,
in deren Häusern und Herzen
Dunkelheit eingekehrt ist;
die etwas erfahren haben,
das ihnen Angst macht,
die etwas aufgeben mussten,
worauf sie gehofft hatten,
die jemanden verloren haben,
der ihnen viel bedeutet hat.

Öffne den Himmel
und lass deine Nähe spüren
alle,
die allein und einsam sind,
die niemanden haben,
der mit ihnen redet und der ihnen zuhört,
der sich für sie Zeit nimmt und da ist, wenn er gerufen wird.

Öffne den Himmel
und lass deine Liebe erfahren
alle,
die nicht beachtet,
nicht ernst genommen,
nicht wertgeschätzt werden;
die auf ein freundliches Wort warten,
ein liebevolles Lächeln,
eine Geste der Zuneigung.

Öffne den Himmel
und lass deine Herrlichkeit schauen
alle,
deren Tage auf Erden zu Ende gehen
und die darauf hoffen,
dass für sie wahr wird, was sie zeit ihres Lebens geglaubt haben.

Öffne den Himmel
und lass uns alle
unseren Blick
auf dich richten,
Gott.

Lass uns dich sehen.
Mitten unter uns.
In aller Nähe,
die wir erfahren,
und in aller Liebe,
die wir einander schenken.

6. Sonntag nach Ostern – Exaudi

B. Dietrich

Christus spricht:
Wenn ich erhöht werde von der Erde,
so will ich alle zu mir ziehen.
Johannes 12,32

Es ist besser, feurig von Geist zu sein,
selbst wenn man dann mehr Fehler begeht,
als beschränkt und übervorsichtig.
Vincent van Gogh (1853–1890)

Predigttexte

I Epheser 3,14–21
II Jeremia 31,31–34
III Johannes 7,37–39
IV Römer 8,26–30
V 1. Samuel 3,1–10
VI Johannes 16,5–15

BEGEISTERE UNS MIT DEINEM GEIST

Tagesgebet

Guter Gott,
dein Geist weht, wo er will.

Suche und finde uns.
Strecke dich uns entgegen und ziehe uns zu dir.

In der Unruhe unserer Herzen schenke uns deine Wärme und Nähe.
Hauche uns an mit deinem Leben schaffenden Atem
und tröste uns mit der Kraft deiner Liebe.
Durchwehe uns,
damit wir lebendig werden.
Begeistere uns,
damit wir Zeugnis ablegen von dir.
Schenke uns deine Nähe,
damit wir aus Träumen Wirklichkeiten schaffen.

ANGEZOGEN VON DIR

Fürbittengebet

Gott,
du willst uns alle in deine heilvolle Nähe ziehen.

Darum bitten wir dich
für all diejenigen,
die sich leer und ohne Halt fühlen.

Gib ihnen Zeichen deiner Liebe
und die Unterstützung von Menschen aus ihrem Umfeld,
damit sie sich und die anderen wieder besser verstehen
und Zuwendung spüren dürfen.

Wir bitten dich
für die einsamen Menschen,
die niemanden haben, der ihnen zuhört.

Schick ihnen unerwartete Zuhörer,
Menschen, die ihnen zu einer anderen Perspektive verhelfen
und ihnen neuen Lebensmut schenken.

Wir bitten dich
für die Menschen,
die sich vor dem fürchten,
was die Zukunft bringen mag.

Stärke ihr Selbstbewusstsein,
dass in jedem Anfang ein Zauber liegt
und sich der Schritt ins Neuland lohnt.

Und wir bitten dich
für alle,
die in deinem Namen in der Welt unterwegs sind.

Gib ihnen den Mut,
auch gegen den Strom der Zeit und der Trends zu schwimmen.

Stärke in ihnen die Begeisterung und Leidenschaft,
um überzeugend und verständlich
deine Botschaft in der heutigen Zeit zu vermitteln.

Pfingsten

U. Burkhardt

Es soll nicht durch Heer oder Kraft,
sondern durch meinen Geist geschehen,
spricht der HERR Zebaoth.
Sacharja 4,6b

Da berühren sich Himmel und Erde,
dass Frieden werde unter uns.
Thomas Laubach/Christoph Lehmann
(Kommt, atmet auf. *Liederheft für die Gemeinde, Nr. 075*)

Predigttexte

Pfingstsonntag

I Johannes 14,15–19(20–23a)23b–27
II Apostelgeschichte 2,1–21
III 1. Mose 11,1–9
IV Römer 8,1–2(3–9)10–11
V 1. Korinther 2,12–16
VI Hesekiel 37,1–14

Pfingstmontag

I Matthäus 16,13–19
II Johannes 20,19–23
III 1. Korinther 12,4–11
IV 4. Mose 11,11–12.14–17.24–25(26–30)
V Johannes 4,19–26
VI Epheser 4,(1–6)11–15(16)

DER NAHE GOTT

Tagesgebet

Du bist da,
Gott.
Du hast verheißen,
dass du uns Menschen durchs Leben begleiten willst.
Du bist zuverlässig. Du bist uns immer nah.
An diesem Fest, das wir heute feiern,
da hast du vor langer Zeit
dein Versprechen endgültig, für immer eingelöst.
Und wir können das heute noch erleben,
wie das ist, wenn du kommst, um zu bleiben.
Ja, lass uns auch jetzt wieder deine Geistesgegenwart spüren,
deine Kraft und deinen Segen,
du barmherziger Gott,
dem wir alle so unglaublich wichtig sind.
Unfassbar schön:
Du lässt uns nie allein.

DES GEISTES GEGENWART

Fürbittengebet

Gott,
heute bitten wir dich besonders um deine Geistesgegenwart.
Es gibt immer noch so viele Erstarrungen,
so viele Verhärtungen und so viel Verbitterung.
Leider können wir uns Christinnen und Christen
nicht gänzlich davon freisprechen.
Viel zu viele Menschen klagen und weinen,
weil sie an Geistlosigkeiten zerbrechen.

Wir haben ihn bitter nötig, deinen Beistand,
damit wir heiterer leben können.

Es gibt viel zu viel Eigeninteresse,
zu viele Egoismen und so viel Rücksichtslosigkeit.
Gerade auch unter uns,
die wir dich auf unsere Fahnen geschrieben haben,
ist das weit verbreitet.
Statt Leben zu ermöglichen,
beschneiden wir es oft
und wundern uns dann
über Stumpfheit und Leblosigkeit.

Wir sind auf deine Unterstützung dringend angewiesen,
damit wir menschlicher leben können.

Unterstellungen und Verdächtigungen
bestimmen unseren Alltag.
Selbst vor Verleumdungen schrecken wir nicht zurück.
So viele Gerüchte und Lügen,
mitten unter uns.
So manchen haben sie schon in Verzweiflung gestürzt.
Misstrauen macht sich breit,
wo doch Ehrlichkeit und Freundlichkeit regieren sollten.

Wir brauchen deine Geisteskraft mehr denn je,
damit unser Leben wieder wahrhaftiger werden kann.

Der Hass trennt so viele auf dieser Welt.
Streit vergiftet die Atmosphäre.
Freunde und Familien werden entzweit
und ganze Völker stehen am Rand des Ruins.
Man schottet sich voneinander ab
und traut einander nicht mehr über den Weg.

Wir warten ungeduldig auf deine Hilfe,
damit wir in unserem Leben zu Friedensstiftern werden.

Wir wissen genau, was wir wollen
und schauen verächtlich auf diejenigen herab,
die anders denken, leben und glauben.
Es ist, als ob wir noch nie etwas gehört hätten
vom Geist der Freiheit und der Liebe,
vom Geist der Barmherzigkeit und der Güte.

Wir sehnen uns nach deinem zündenden göttlichen Funken,
damit wir offener und herzlicher miteinander umgehen.

Dogmatische Enge,
stures Beharren auf scheinbaren Gewissheiten lähmen uns.
Die Suche nach Wahrheit haben wir oft längst aufgegeben.
Engagierte Menschen sind ausgebrannt;
sie wirken vertrocknet und resigniert.
Rituale werden zu Götzen gemacht
und Formen über Inhalte gestellt.

Fahre entschieden dazwischen,
du Gottesgeist,
damit nicht der Geschmack der Bitterkeit übrig bleibt.

Die Hoffnung auf deine Geistesgegenwart
möge uns allezeit antreiben.

Trinitatis

U. Burkhardt

Die Gnade unseres Herrn Jesus Christus
und die Liebe Gottes
und die Gemeinschaft des Heiligen Geistes
sei mit euch allen!
2. Korinther 13,13

Gott ist offenbar und verborgen zugleich.
Das, was ihn ins Menschliche übersetzt, verhüllt ihn zugleich.[31]
Romano Guardini (1885–1968)

Predigttexte

I 2. Korinther 13,11–13
II 4. Mose 6,22–27
III Johannes 3,1–8(9–13)
IV Römer 11,(32)33–36
V Jesaja 6,1–8(9–13)
VI Epheser 1,3–14

VIELFÄLTIGER GOTT

Tagesgebet

Dreieiniger Gott,
du bist der Schöpfer des Himmels und der Erde.
Du gibst jedem Dasein Sinn und Ziel.
Du hast unter uns gelebt in menschlicher Gestalt.
Als Erlöser warst und bist du uns nah wie nie zuvor.
Sogar das Sterben hast du mit uns geteilt.
Du bist nach wie vor gegenwärtig in dieser Welt.
Du wohnst in uns.
Du hältst uns lebendig für dich,
auf dass unser Herz für dich und für unsere Welt schlägt.
Liebe, Freundlichkeit und Erbarmen schenkst du uns,
Gott.
Lass uns auch heute in diesem Gottesdienst davon zehren können.
Bereichere unsere Gemeinschaft durch deine Nähe.
Lass die Herrlichkeit deiner Gegenwart
deutlich sichtbar aufscheinen –
in unserer Mitte
und in unserer Welt.

GREIFE DREIFACH EIN

Fürbittengebet

Dreieiniger Gott,
wir danken dir für alle Zeichen deiner Gegenwart.
Du bist da, wenn Menschen dich brauchen.
Du verschließt dich nicht, wenn wir dich suchen.
Du verwehrst deinen Segen nicht,
wenn wir dich darum bitten.

So bitten wir dich voller Vertrauen

für die, die nicht mehr glauben können,
dass du der Schöpfer aller Dinge bist,
dass dein guter Wille hinter allem waltet,
was ihnen widerfährt;
für die, die langsam keine Kraft mehr haben,
sich gegen die fortschreitende Zerstörung der Umwelt zu stemmen;
für die, die Angst davor haben,
die Menschen könnten in ihrer Selbstüberschätzung
dein großartiges Werk vernichten.

Zeige ihnen, dass du die Erde nicht preisgibst,
dass dir deine Geschöpfe nach wie vor wichtig sind
und dass du uns sicher leitest,
Gott.

Vor dir denken wir an die,
die sich schwer tun mit dem Gedanken,
dass du sie befreit hast von aller Schuld,
dass gerade auch die Widrigkeiten ihres Daseins
bei dir gut aufgehoben sind.

Wir denken an die Einsamen,
um die sich niemand wirklich kümmert;
an die, die meinen, alles alleine schaffen zu müssen,
und sich dadurch krampfhaft nur noch um sich selber drehen;

an die, die in Verzweiflung zu versinken drohen,
weil nichts auf eine Besserung ihrer Lebensumstände hinweist;
an die, die aufgeben wollen,
weil sie so wenig Annahme und Gerechtigkeit erfahren:

Lass sie Zutrauen zu dir finden
und sich ganz in deine Hand fallen lassen können,
auf dass sie erlöst seien von dir.

Die wollen wir nicht vergessen,
die das Leben in der Gemeinschaft scheuen
und andere in ihrer Not gar nicht mehr wahrnehmen;

die nicht erleben können, wie schön es ist,
Erlebnisse und Erfahrungen mit anderen teilen zu können;
die durch Enttäuschungen misstrauisch geworden sind
und die deshalb ihre Freude und ihr Glück
ängstlich für sich allein bewahren wollen;
die die so genannten Sachzwänge ergeben hinnehmen
und selbst dann nicht dagegen angehen,
wenn dadurch Ungerechtigkeiten festgeschrieben
und zementiert werden;
die Angst haben vor jeder Veränderung,
weil sie Unruhe bringen könnte:

Erfasse sie,
Gott,
damit auch ihr Leben sich ändert
und sie neu zu leben beginnen.

Ja,
sprich uns alle immer wieder an,
du dreieiniger Gott,
damit wir aus der Kraft heraus leben können,
die du uns schenkst.

1. Sonntag nach Trinitatis

M. Lehnert

Wer euch hört, der hört mich;
und wer euch verachtet, der verachtet mich.
Lukas 10,16a

Alles wirkliche Leben ist Begegnung.[32]
Martin Buber (1878–1965)

Predigttexte

I Johannes 5,39–47
II Apostelgeschichte 4,32–37
III Jona 1,1–2; 2(3–10)11
IV Lukas 16,19–31
V 1. Johannes 4,(13–16a)16b–21
VI Jeremia 23,16–29

SEI DU BEI UNS

Tagesgebet

Gott,
die großen Feste im Kirchenjahr liegen hinter uns.
Viele freuen sich auf die Sommer- und die Urlaubswochen.
Wenn wir jetzt beten und singen,
schwingen Dank und Wünsche mit.
Aber ohne dich und deinen Segen
würde zu allen Zeiten
das Wichtigste fehlen.

So bitten wir
um dein Dabeisein und Mitgehen,
um deine hilfreiche Gegenwart –
als Vater, Sohn und Heiliger Geist.

LEBENSWEGE SIND GLAUBENSWEGE

Fürbittengebet

Gott,
wir gehören zu deiner Gemeinde.
Wir gehen deinen Spuren nach.

Glaubenswege
sind Lebenswege.
Schon zu Abrahams Zeiten.
Und auch heute.

Lass uns erkennen,
wo du uns brauchst,
um Menschen zu begleiten.

Schenk uns Kraft und Einsicht,
um zur rechten Zeit
das Richtige zu sagen und zu tun,
um deutliche und hilfreiche Spuren zu hinterlassen
- nach deinem Willen.

Lass die Menschen,
denen wir begegnen,
- die Frohen und die Traurigen,
die Glücklichen und die Sorgenvollen,
die Gesunden und die Kranken -
durch uns deine Liebe spüren.

Hilf uns,
zum Frieden in der Welt beizutragen,
indem wir dein Wort hören,
es annehmen und umsetzen.

Lass uns Wege finden,
um den Armen zu helfen
- sowohl in unserer Nähe als auch in der Ferne.

Gib allen Zuversicht,
die nach schweren Wegen
bei uns Sicherheit,
eine neue Heimat
und Begegnungen in Frieden suchen.

Lass uns Worte sprechen,
die in einer Welt voller Stimmen und Bilder aufhorchen lassen
und nachdenklich machen.

Lebenswege
sind Glaubenswege.

Hilf uns,
Gott,
den Weg zueinander
und zu dir zu finden.

Jeden Tag,
jeden Monat,
Jahr für Jahr.

2. Sonntag nach Trinitatis

R. Koeppen

Christus spricht:
Kommt her zu mir, alle, die ihr mühselig und beladen seid;
ich will euch erquicken.
Matthäus 11,28

Einmal wird es Zeit, dass wir aufbrechen und bezahlen;
bitte die Rechnung. Doch wir haben sie ohne den Wirt gemacht:
ich habe euch eingeladen,
sagt der und lacht, soweit der Himmel reicht:
Es war mir ein Vergnügen.[33]
Lothar Zenetti (geb. 1926)

Predigttexte

I Jesaja 55,1–5
II Matthäus 11,25–30
III 1. Korinther 14,1–12(23–25)
IV Jona 3,1–10
V Lukas 14,(15)16–24
VI Epheser 2,(11–16)17–22

JETZT IST ZEIT FÜR DAS WESENTLICHE

Tagesgebet

Gott,
in einem Leben voller Wichtigkeiten
haben wir uns sehr daran gewöhnt,
dem eigenen Terminkalender
und den eigenen Bedürfnissen Vorrang zu geben.
Gerne haben wir viele Ausreden parat,
denn unser persönlicher Lebensdurst und Aktionismus
sind oft recht ausgeprägt.
Erst möchte ich das tun und dann das ...

Das Wesentliche vom Unwesentlichen zu unterscheiden,
fällt schwer im Überfluss.
Du weißt, wie das in der vergangenen Woche war.

Gott,
lass uns zur Ruhe kommen bei dir.
Öffne unsere Herzen für deine großzügige Einladung.
Als deine dir heiligen Mitbürger sind wir willkommen,
ja sogar als deine Hausgenossen.[34]
Danke.

Lass uns die Gewichte und Wertigkeiten im Leben neu vermessen.
Zu schade wäre es, deine Einladung auszuschlagen.

An deinem Tisch Platz zu nehmen,
heißt staunend zu entdecken:
hier sind alle willkommen und Ehrengäste.

Die Verheißung ist groß,
da – endlich – Ruhe zu finden für unsere Seelen.[35]

Lass uns davon heute etwas spüren
und davon beseelt werden.

VON DEN RÄNDERN IN DIE MITTE

Fürbittengebet

Danke,
Gott,
dass in deinem Haus Platz ist
für jeden und jede von uns.
Bei dir ist das Wesentliche einfach:
ein einladender Tisch, offene Türen,
ein herzliches Willkommen
und *du* als Gastgeber.

Deine Einladung ermuntere uns,
ohne Schwellenangst zu kommen.
Die Etikette verlangt keinen Dresscode,
allein die Bereitschaft,
dein „Komm“ zu hören und Willkommenskultur zu pflegen.
Zu dir,
der Heimat und dem Urgrund unseres Zuhauses,
lass uns einkehren.

So bitten wir dich
für uns alle,
dass wir deinen Ruf hören
und das Besondere deiner Einladung neu entdecken.
Damit wir Menschen
– im Leben oft beladen mit Mühen und Lasten,
ja entsetzlichen Schicksalen –
den Anker der Hoffnung entdecken:
das Aufatmen für eine Zeit lang,
Sättigung für Leib und Seele,
den Trost für heute,
den kleinen Schwung für den nächsten Schritt.

Gast zu sein bei dir,
du einladender Gott,
bringt uns von den Rändern in die Mitte.
Aufatmen sollen wir,
frei sein,
Erquickung finden bei dir,
der Quelle des Lebens.

Deine umwerfende Freundlichkeit stecke uns an,
selbst unsere Türen und Herzen zu öffnen
im Vertrauen auf deinen verbindenden Geist.

Gütezeichen und Qualitätsmerkmal
möge diese Haltung sein
für uns als Gemeinde.
Dein belebender Geist sei unter uns spürbar.
Herberge, Nest und Gastdomizil lass uns sein,
freundlich gegenüber Fremden
und allen Menschen in Not
in der bunten Vielfalt der Glaubenden und Religionen,
im Streben nach einem geschwisterlichen Miteinander
für die Würde aller Menschen.

Einladend mögen wir sein und offen für Kontakte
in unseren Lebensräumen,
privat und im Dienst,
auf Reisen,
inmitten der Zufälle unseres Lebens,
inmitten aller Zumutungen.
Freigiebig in der Tischgemeinschaft
und im Teilen all dessen,
was dem Leben und Wohl füreinander dient.

Schenke uns dazu den Blick für das Wesentliche.
Lass uns mithelfen,
dass die Welt ein freundlicheres Gesicht bekommt.

3. Sonntag nach Trinitatis

B. Dietrich

Der Menschensohn ist gekommen,
zu suchen und selig zu machen,
was verloren ist.
Lukas 19,10

Wer die Freiheit aufgibt, um Sicherheit zu gewinnen,
wird am Ende beides verlieren.
Benjamin Franklin (1706–1790)

Predigttexte

I 1. Timotheus 1,12–17
II Micha 7,18–20
III Lukas 15,1–10
IV Hesekiel 18,1–4.21–24.30–32
V Jona (3,10)4,1–11
VI Lukas 15,1–3.11b–32

SICH VERLIEREN UND SICH FINDEN LASSEN

Tagesgebet

Gott,
du bist unser Wegbegleiter.

Du hast uns Freiheit geschenkt
und wir dürfen über Gut und Böse,
Ja und Nein
nachdenken und entscheiden.
Wir sind nicht deine Marionetten.
Und doch ist es gut zu wissen,
dass du bei uns bist, uns begleitest und mitgehst.
Sonst wären wir im Irrgarten unserer Gedanken bald verloren,
stünden in einer Sackgasse, ohne Ausweg.

Ja, es ist gut zu wissen,
dass du bei uns bist.
Eigentlich möchten wir ja alles selber können,
alles wissen und die Probleme der Welt alleine lösen.

Aber wenn wir uns wieder einmal verloren haben,
tut es gut,
dass wir uns auf dich verlassen können.
Du suchst und du findest uns.
Du nimmst es uns nicht übel,
wenn wir dir wieder und wieder
die Frage nach dem „Warum“ stellen.

Danke,
dass du dich um uns sorgst
und uns gerade in unseren einsamsten Momenten nicht alleine lässt.

GOTT ALS HIRTE – EIN RINGEN UMS SUCHEN UND SICH-FINDEN-LASSEN

Fürbittengebet

Gott,
du guter Hirte.

Du gehst uns nach und suchst uns.
Wir danken dir für deine Zuwendung und Fürsorge
und bitten dich:

Für die Menschen,
die immer wieder etwas verlieren.
Gib ihnen und ihrer Umgebung Gelassenheit und Verständnis.
Hilf diesen Menschen,
ihren Tagesablauf zu entschleunigen
und Dinge nach und nach, Schritt für Schritt zu tun.

Für die Menschen,
die ihren Arbeitsplatz verloren haben.
Sende ihnen zuhörende Wegbegleiter,
die sie in der schweren Zeit der Selbstzweifel auffangen.

Für alle,
die ihr Herz scheinbar verloren haben,
weil eine Beziehung gescheitert,
ein lieber Mensch verstorben,
ein Lebenstraum zerbrochen ist.
Hilf ihnen,
sich mit liebevollen Menschen in ihrer Nähe
auf die Suche zu machen,
das Herz neu zu finden und zu füllen
und auf dich und die heilsame Nähe anderer Menschen zu vertrauen.

Für alle,
die sich zurückgezogen haben,
weil die gute Sache, für die sie gekämpft haben,
nicht verwirklicht werden konnte.

Für die,
die von der Kirche
immer schnellere und deutlichere Schritte erwarten
und dies nicht gleich erleben.
Für alle,
die die Welt verändern wollen.
Lass sie ihren Mut und ihre Kraft nicht verlieren.
Ermutige sie, kleine Schritte zu gehen
und sich darüber zu freuen.

Gott,
unser Wegbegleiter,
öffne unser Herz und unsere Sinne.
Stärke unser Vertrauen in dich
und ermutige uns,
unser Leben farbenfroh zu gestalten.

4. Sonntag nach Trinitatis

E. Herrmann

Einer trage des andern Last,
so werdet ihr das Gesetz Christi erfüllen.
Galater 6,2

Gott nimmt nicht die Lasten,
sondern er stärkt die Schultern.
Franz Grillparzer (1791–1872)

Predigttexte

I Lukas 6,36–42
II Römer 12,17–21
III 1. Mose 50,15–21
IV Johannes 8,3–11
V 1. Petrus 3,8–17
VI 1. Samuel 24,1–20

ZEIGE UNS, WAS WIR TUN KÖNNEN

Tagesgebet

Wie leicht
selbst schwere Lasten sind,
wenn wir sie nicht allein tragen müssen,
Gott!

Die Last der Trauer
über den Verlust eines geliebten Menschen,
die Last des Alleinseins
in Stunden, die nicht vorübergehen wollen,
die Last der Not,
wenn das Geld vorne und hinten nicht reicht.

Ach,
es gibt so viele Lasten,
die Menschen niederdrücken
und ihnen das Leben schwermachen.

Und es gibt so viele Möglichkeiten,
ihnen ihre Lasten
tragen zu helfen.

Wir bitten dich,
Gott,
lass uns
aufmerksam,
mit offenen Augen, wachem Verstand und helfenden Händen
auf die achtgeben und denen beistehen,
die auf Hilfe warten –
hierzulande, vor unserer Haustür,
oder in einem fernen Land.

Zeige uns,
was wir tun können.

ICH UND WIR

Fürbittengebet

Einander achten.
Das ist es, was du,
Gott,
von uns erwartest.

Den Mitmenschen annehmen.
So, wie er ist.
Mit allen seinen Stärken
und mit allen seinen Fehlern.

Sich nicht über ihn erheben.
Zu meinen, zu sagen und ihn spüren zu lassen:
„Ich bin größer, besser, wichtiger
und kann mehr als du."

Wir bitten dich,
Gott,
bewahre uns
vor Überheblichkeit,
vor Besserwisserei,
vor Rechthaberei.

Gib, dass wir ehrlich sind
uns selbst gegenüber.
Dass wir zu unseren Fehlen stehen
und sie nicht zu vertuschen versuchen.
Dass wir das, was wir falsch machen,
nicht anderen anlasten.
Dass wir
um Entschuldigung bitten
und anderen ihre Schuld vergeben können.

Du selbst,
Gott,
hältst uns
durch dein Wort
immer wieder einen Spiegel vor.

Können wir
in diesen Spiegel schauen?
Und sehen wir uns dann so,
wie du uns gewollt hast?

Wir bitten dich,
Gott,
hilf uns,
miteinander umzugehen
wie Brüder mit Schwestern und Schwestern mit Brüdern,
wie Freunde mit Freunden,
wie Menschen miteinander umgehen,
die sich aneinander gewiesen
wissen
durch dein Wort,
das allen gilt,
die du zu deinen Kindern berufen hast.
Jeder und jedem
ohne Ausnahme.

Dass uns das immer wieder gelinge,
darum bitten wir dich,
Gott.

5. Sonntag nach Trinitatis

Ph.-A. Theiß

Aus Gnade seid ihr gerettet durch Glauben,
und das nicht aus euch: Gottes Gabe ist es.
Epheser 2,8

Wir wirken, aber unser Wirken ist ein Mitwirken mit Gottes Wirken, denn seine Gnade kommt uns zuvor.
Augustin (354–430)

Predigttexte

I Matthäus 9,35–10,1(2–4)5–10
II Lukas 5,1–11
III 1. Korinther 1,18–25
IV 1. Mose 12,1–4a
V Johannes 1,35–51
VI 2. Korinther (11,18.23b–30);12,1–10

AUCH IN DER NEUEN WOCHE

Tagesgebet

Auch in der neuen Woche
wird es Schönes und Schweres geben,
den Frieden und den Krieg,
das Leben und den Tod,
die Liebe und den Hass,
die Freundschaft und die Einsamkeit,
den Spaß am Leben und die Frustration über den Alltagstrott.

In all dem bleibst du,
Gott,
an unserer Seite.
Nichts kann uns von dir trennen.

Hilf uns,
dass wir uns von deiner Gnade berühren lassen,
damit wir dazu beitragen,
die Welt immer mehr zu deinem Reich werden zu lassen.

Hilf uns zu begreifen,
dass es deine Gnade ist, die uns trägt.
Eine Gnade, die wir uns nicht verdienen können,
weil du sie uns schenkst.

Im Namen Jesu Christi,
der mit dir und dem Heiligen Geist
lebt und Leben schenkt
hier und jetzt und in Ewigkeit.

GOTT, HILF UNS IN ZUKUNFT

Fürbittengebet

Gott,
hilf uns,
in Zukunft mehr aus deiner Gnade zu leben,
deiner Gegenwart Vertrauen zu schenken
und deiner Liebe Raum zu geben.

Im Vertrauen auf deine Gnade
bitten wir dich für alle,
die an und in dieser Welt leiden:

die sich für den Frieden einsetzen,
aber Krieg erfahren,

die auf die Zukunft hoffen,
aber in der Vergangenheit festhängen,

die Liebe weitertragen,
aber denen nur Hass entgegenschlägt,

die sich nach Nähe sehnen,
aber Einsamkeit erdulden müssen,

die um das Angenommenwerden ringen,
aber nur Ablehnung spüren,

die das Leben wollen,
aber vom Tod umfangen sind,

die an dich glauben wollen,
aber an ihrem Alltag verzweifeln.

Gott,
all denen schenke deine Gnade
und lass uns alle erkennen,
dass du
unser Gott
bist.

6. Sonntag nach Trinitatis

M. Gorka

Nun spricht der HERR, der dich geschaffen hat, Jakob,
und dich gemacht hat, Israel:
Fürchte dich nicht, denn ich habe dich erlöst;
ich habe dich bei deinem Namen gerufen; du bist mein.
Jesaja 43,1

Alles verändert sich,
aber dahinter ruht ein Ewiges.
Johann Wolfgang von Goethe (1749–1832)

Predigttexte

I 1. Petrus 2,2–10
II 5. Mose 7,6–12
III Matthäus 28,16–20
IV Römer 6,3–8(9–11)
V Jesaja 43,1–7
VI Apostelgeschichte 8,26–39

LICHT – BLICK
Tagesgebet

Gott,
du führst uns durch die Zeit.

In der Mitte des Jahres angekommen,
bitten wir dich:
Lass den Himmel über uns aufgehen,
dass wir berührt werden von deinem Licht,
von deiner Liebe, deinem Geist.

Danke für alle Lichtblicke, die du uns bescherst.
Danke für alle kostbaren Momente,
in denen du unser Herz anrührst.
Danke für dein uneingeschränktes „Ja“ zu uns.
Danke, dass dein Licht in uns,
auch in mir kleinem Licht, Wirklichkeit ist.

Danke,
dass du für uns da bist
in deinem Wort und Sakrament
und in der Gemeinschaft der Gemeinde.

Lass unser Herz zur Ruhe kommen,
dass sich dein Friede um uns ausbreiten kann.
Erfülle unser Leben mit deiner Liebe,
dass daran sichtbar wird, wie gut du bist –
jetzt und in Ewigkeit.

FÜREINANDER DA SEIN, WEIL GOTT FÜR UNS DA IST

Fürbittengebet

Gott,
wir haben wieder einmal von deiner Liebe gelebt.
Wir sind dir begegnet,
haben dein Wort gehört,
haben die Gemeinschaft gespürt, die uns trägt.

Wir können zur Ruhe kommen an diesem Tag
und uns freuen an deiner Schöpfung.
Die Heiligkeit dieses Tages möge unserer Seele guttun –
ein Vorgeschmack auf die Ewigkeit.

Wir denken aber auch daran,
dass wir täglich noch unterwegs sind,
beschäftigt, auf Hochbetrieb.

Erinnere uns immer wieder an das, was uns stärkt,
wenn der Alltag uns umfängt.

Lass unser Leben zum Geschenk werden für andere:
Für unsere Partner und Familien,
für unsere Kollegen und Nachbarn,
für die Menschen, die mit uns auf dem Weg sind.

Lass uns in dem, was der Tag und die neue Woche uns bringen,
dich und dein Handeln entdecken können.

Wir bitten dich,
dass du uns nicht fallen lässt;
dass uns die richtigen Richtungen glücken
und wir deine Nähe nicht verlieren;
dass deine Nähe uns hält
und deine Güte uns behütet Tage und Nächte;

dass wir – von dir begeistert – unsere Umgebung mit Glück anstecken
und sie mit deiner Kraft erfüllen;
dass wir unser Glück weiterverschenken
aus vollen Händen.

Hilf uns,
dass wir einander gnädig sind.
Hilf uns, Worte zu finden, die guttun:
klärende, entlastende, ermunternde Worte.
Und hilf uns, zu schweigen, wo es angebracht ist.
Schweigen und Zuhören und einfach da sein ist besser als Totreden.
Gib uns Geduld und Hoffnung
und lass unser Schweigen nicht leer sein.

Du traust uns zu,
deine Zeugen zu sein,
dein Wort weiterzusagen,
zu reden, wie du geredet hast.

Hilf uns, verständlich und glaubwürdig und konsequent zu sein.
Stärke in uns das Vertrauen in dein Wort.
Halte uns auch als Gemeinschaft beieinander.
Führe uns immer wieder zusammen.

Segne
unser Leben,
unser Haus und unser Tagwerk.
Stärke unsere Hoffnung,
Gott,
der du uns mit Glück erfüllst
und mit Liebe umfängst –
jetzt und für alle Zeit.

7. Sonntag nach Trinitatis

G. Kainz

So seid ihr nun nicht mehr Gäste und Fremdlinge,
sondern Mitbürger der Heiligen und Gottes Hausgenossen.
Epheser 2,19

Man kann Brot ohne Liebe geben,
aber wenn man Liebe gibt,
so wird man auch immer Brot geben.
Leo Tolstoi (1828–1910)

Predigttexte

I Johannes 6,30–35
II Hebräer 13,1–3
III 1. Könige 17,1–16(17–24)
IV Johannes 6,1–15
V Apostelgeschichte 2,41–47
VI 2. Mose 16,2–3.11–18

LEIBSPEISE

Tagesgebet

Gott,
als Leib und Seele
hast du uns Menschen geschaffen.

Wir bitten dich,
schenke Nahrung,
die uns an beidem satt werden lässt,
damit wir diese Fülle als deine Fülle hinaustragen in die Welt.

Durch Jesus Christus,
unser Brot des Lebens,
der mit dir und dem Geist lebt und Leben schenkt
von Ewigkeit zu Ewigkeit.

MIT LEIB UND SEELE

Fürbittengebet

Gott,
lass uns unseren Leib und unsere Seele
immer wieder auf Jesus Christus hin ausrichten,
unser Brot des Lebens.

Lass uns so satt werden
in der Gemeinschaft untereinander.

Lass uns so satt werden
in unserem Glauben,
in unserer Hoffnung,
in unserer Liebe.

Gott,
wir wissen,
wie viele Menschen Not und Mangel leiden,
wie viele hungern und verhungern
– auch jetzt, in dieser Stunde.

Hilf uns zu einem fairen Lebensstil
und zu einer Gerechtigkeit,
in der es für das tägliche Brot reicht –
für alle.

Lass uns mit Leib und Seele eintreten
für Wege des Miteinanders und der Verständigung
zwischen Völkern und Rassen,
zwischen Religionen und Weltanschauungen,
zwischen Lebenshaltungen und Überzeugungen.

Gott,
wir bitten dich für alle Menschen,
die mit einem inneren Hunger leben:

Für alle, die einsam sind,
die keine Orientierung haben,
denen ihre Aufgaben zu schwer geworden sind.

Für alle, die sich unverstanden fühlen
oder die andere nicht mehr verstehen.

Für alle, die mit einer Krankheit leben müssen,
für alle, die leiden unter dem Verlust eines Menschen.

Schenke ihnen und uns allen Nahrung an Leib und Seele
durch den Trost und die Freude deiner Nähe,
damit wir füreinander eintreten.
Mit Leib und Seele.

Gott,
Brot des Lebens.
Du schenkst uns
unsere Leib-Speise
und unsere Seelen-Nahrung.

Dir sei Lob und Dank
in Ewigkeit.

8. Sonntag nach Trinitatis

M. Löfflmann

Wandelt als Kinder des Lichts;
die Frucht des Lichts ist lauter Güte und Gerechtigkeit und Wahrheit.
Epheser 5,8b.9

Nichts ist nützlicher als Salz und Sonne.
Isidor von Sevilla (um 560–636)

Predigttexte

I Jesaja 2,1–5
II Johannes 9,1–7
III 1. Korinther 6,9–14(15–18)19–20
IV Markus 12,41–44
V Matthäus 5,13–16
VI Epheser 5,8b–14

BELICHTET UND GESALZEN

Tagesgebet

„Ihr seid das Licht der Welt“[36],
rufst du uns zu,
Gott.
Hell und warm bist du bei uns.
Dein Licht der Welt scheint tief in unsere Herzen.

„Ihr seid das Licht der Welt“,
rufst du uns zu.
„Lasst aus euren Herzen mein Licht leuchten.“[37]

Wir aber sehen nur
Dunkelheit statt Helligkeit,
Grenzen statt Chancen, Tod statt Leben.

Lass uns Mut sehen, lass uns Freude sehen,
lass uns dein Licht werden.

„Ihr seid das Salz der Erde“[38],
rufst du uns zu.
Wir sind deine Kinder.
Du streust deine Wahrheit über unser Leben.

„Ihr seid das Salz der Erde“,
rufst du uns zu.
„Würzt euer Reden mit Salz.“[39]

Wir aber streuen
Vergangenheit statt Zukunft,
Zurückhaltung statt Aufbruch,
Sicherheit statt Ausprobieren.

Lass uns Mut sehen, lass uns Freude sehen,
lass uns zu deinem Salz werden.

WERDEN, WACHSEN, SCHEINEN

Fürbittengebet

Gott,
sie sagen,
es ginge nicht mehr so weiter,
es kämen zu viele,
es bräuchte mehr Leistung,
es wären größere Opfer nötig,
es müsste etwas passieren.

Gott,
du sagst: „Ihr seid das Salz der Erde.“[40]

Wir sagen,
es geht immer weiter,
es ist genug Platz,
es gilt, die Kräfte zu verteilen,
dein Licht und deine Wahrheit sind bei uns.

Gott,
du sagst: „Ihr seid das Licht der Welt.“

Wir danken,
für jedes Licht, das in unser Leben scheint,
für jedes Salzkorn, das unser Leben würzt,
für jeden Menschen, der uns begleitet,
für jedes wahre Wort, das uns aufrichtet.

Gott,
du sagst: „Wenn das Salz nicht mehr salzt, womit dann?“

Wir beten,
für die Einsamen,
für die Traurigen,
für die Mutlosen,
für die Hoffnungslosen.

Gott,
du sagst: „Man zündet nicht ein Licht an und versteckt es."

Wir beten,
für eine Welt, die in Angst und Sorge vor Terror lebt,
für eine Welt, die sich selbst abbaut,
für eine Welt, die den Nächsten hasst wie sich selbst.

Gott,
du sagst:
„Man setzt das Licht auf den Leuchter, so leuchtet es allen im Haus."

Schau auf den Schein der Kerzen in unserer Kirche.
Schau in die Herzen derer, die deine Kinder sind.
Sie alle tragen dein Licht in sich.
Glaube, Hoffnung, Liebe, diese drei.[41]
Entzünde sie uns hell, den Leuchtern deiner Wahrheit.

Gott,
du sagst:
„Die Stadt auf dem Berge kann nicht verborgen sein."

Wir bitten,
für eine lebendige Gemeinde,
für eine Gemeinde, die die Welt mit deiner Liebe salzt,
für eine Gemeinde, die in das Leben unserer Stadt leuchtet,
für eine Gemeinde, die sich wehrt,
gegen den Hass, gegen den Spott, gegen die Dunkelheit.

Gott,
du sagst:
„So lasst euer Licht leuchten vor den Leuten."

Wir sagen:
So sei es. Amen.

9. Sonntag nach Trinitatis

Ph.-A. Theiß

Wem viel gegeben ist, bei dem wird man viel suchen;
und wem viel anvertraut ist, von dem wird man umso mehr fordern.
Lukas 12,48b

Wo Gottes Wort bei mir ist,
finde ich in der Fremde meinen Weg,
im Unrecht mein Recht,
in der Ungewissheit meinen Halt,
in der Arbeit meine Kraft,
im Leiden die Geduld.[42]
Dietrich Bonhoeffer (1906–1945)

Predigttexte

I Philipper 3,(4b–6)7–14
II Jeremia 1,4–10
III Matthäus 7,24–27
IV Matthäus 25,14–30
V 1. Könige 3,5–15(16–28)
VI Matthäus 13,44–46

WENN DU ZU UNS SPRICHST

Tagesgebet

Wenn du zu uns sprichst,
dann hören wir oft nicht wirklich hin,
Gott.
Wir stellen unsere Ohren auf Durchzug.
Denn dein Wort zu hören bedeutet,
Veränderungen zuzulassen.
Auch in unserem Leben.

Denn wie oft bauen wir unser Leben auf Sand?
Wie oft gerät unser Leben ins Wanken,
weil das Fundament nicht trägt?

Aber wenn du zu uns sprichst,
Gott,
können wir spüren:
Dein Wort ist nicht nur eine inhaltsleere Hülle.

Es trägt,
es führt,
es heilt.

So sprich zu uns,
gib uns Kraft,
sei unser aller Fundament,
damit die Welt hört, sieht und erkennt,
dass du ihr *wahrer* Herr bist.

Schon jetzt
und in alle Ewigkeit.

GOTT, DICH BITTEN WIR

Fürbittengebet

Gott,
dich bitten wir:
Lass die Menschen immer mehr auf dein Wort hören.

Auf dein Wort des Friedens,
sodass die Waffen schweigen mögen.

Auf dein Wort der Liebe,
sodass geballte Fäuste zu Händen werden,
die wir einander reichen.

Auf dein Wort der Achtsamkeit,
sodass Nächstenliebe ehrlich praktiziert wird.

Auf dein Wort der Gerechtigkeit,
sodass Menschen einander fair behandeln.

Auf dein Wort des Glaubens,
sodass das Vertrauen in dich zunimmt.

Auf dein Wort der Barmherzigkeit,
sodass sich Herzen und Türen öffnen.

Auf dein Wort des Lebens,
sodass der Tod nicht das letzte Wort behält.

So lass uns immer mehr
auf dein Wort hören,
Gott!

10. Sonntag nach Trinitatis

B. Mayer-Schärtel

Wohl dem Volk, dessen Gott der HERR ist,
dem Volk,
das er zum Erbe erwählt hat!
Psalm 33,12

Am Ende der Suche und der Frage nach Gott steht keine Antwort, sondern eine Umarmung.[43]
Renate Wind (geb. 1950)

Predigttexte

I Markus 12,28–34
II Römer 11,25–32
III 2. Mose 19,1–6
IV Matthäus 5,17–20
V 5. Mose 4,5–20
VI Sacharja 8,20–23

BUND

Tagesgebet

Gott,
der du Israel erwählt
und einen Bund mit deinem Volk geschlossen hast,
der du durch Jesus Christus
auch uns einen Zugang
zu deinem Bund und deiner Verheißung erschlossen hast,
dich,
Gott,
bitten wir um Frieden zwischen Völkern und Religionen,
um deinen guten Geist
auf jedem Schritt zueinander und
miteinander,
dir zur Ehre
und allen Menschen zum Heil.

DURCHEINANDER UND MITEINANDER

Fürbittengebet

Deine Gebote halten und tun
und so in deinem Bund und in Beziehung zu dir bleiben,
das hast du,
Gott,
uns durch Jesus Christus aufgetragen,
damit wir Menschen
in Frieden, Gerechtigkeit und Liebe leben können.

Wir blicken zurück auf eine Geschichte
voller Schuld, Leiden und Verfolgung.

Daher bitten wir dich:
Lass uns ehrlich miteinander umgehen,
uns mit Unrecht und Menschenverachtung nicht abfinden
und behutsam und einfühlsam mit der Vergangenheit
und miteinander umgehen.

Wir sehen um uns herum,
wie Antijudaismus wieder salonfähig zu werden droht,
bis hinein in unsere Volksvertretungen.

Daher bitten wir dich:
Hilf uns,
gegen Schuldzuweisungen und Sündenbock-Parolen anzugehen
und lass uns mutig das Wort ergreifen,
wenn Menschen
wegen ihrer Religion verspottet und bedroht werden.

Wir erkennen in unserer Mitte,
dass Hassparolen und verbale Gewalt überhandnehmen
und oft schon als normal erachtet werden.

Daher bitten wir dich:
Schenke die Einsicht,
dass Aggressionen und Verachtung für andere nicht weiterhelfen
und ein respektvoller Umgang miteinander
das Zusammenleben fördert.

Wir schauen in die Zukunft
und wünschen uns Frieden und Versöhnung in Israel und Palästina.

Daher bitten wir dich:
Ermutige alle,
die sich für eine gerechte und ausgleichende Lösung der Konflikte einsetzen
und schenke langen Atem, Phantasie und Kreativität
für jeden Schritt,
der aufeinander zuführt.

Wir alle
– deine Ebenbilder und Geschöpfe –
leben aus deiner Gnade.

Stelle uns in einen Raum
der gegenseitigen Achtung und Wertschätzung,
lehre Verständnis und Interesse aneinander,
damit wir miteinander lernen, als deine Kinder zu leben,
damit es uns gelingt, dich und einander zu lieben
und daran zu glauben,
dass du am Ende uns alle erretten wirst.

11. Sonntag nach Trinitatis

S. Kennedy Henkel

Gott widersteht den Hochmütigen,
aber den Demütigen gibt er Gnade.
1. Petrus 5,5b

Wer vor Gott kniet,
kann vor jedermann aufrecht stehen.
Unbekannt

Predigttexte

I Hiob 23
II Lukas 18,9–14
III Epheser 2,4–10
IV 2. Samuel 12,1–10.13–15a
V Lukas 7,36–50
VI Galater 2,16–21

NIEDERKNIEN UND AUFRECHT GEHEN

Tagesgebet

Gott,
unsere Welt verlangt den Kniefall überall:
niederfallen vor dem Markt,
anbeten der Schönheit,
sich ducken vor der öffentlichen Meinung.

Heute kommen wir zu *dir*.
Du schenkst Liebe, ohne dass wir sie verdienen.
Du schenkst Segen, ohne dass wir ihn einfordern könnten.
Du schenkst Freiheit, ohne dass wir darum kämpfen müssten.

Wirklich ein Grund zum Niederknien.

Vor dich kommen wir heute
und bringen nichts
außer unserem brüchigen Vertrauen zu dir.

Kommen nur
und lassen uns etwas schenken:
Deine Liebe, deinen Segen, deine Freiheit.

Wer *so* beschenkt ist,
der kann aufrecht durch die Welt gehen.
Geh mit uns,
wenn wir jetzt feiern
und alle Tage unseres Lebens.

DIE SICHEREN UND DIE ZAGHAFTEN

Fürbittengebet

Gott,
du überraschst uns Menschen immer wieder.

Die allzu Sicheren,
die Hochmütigen
rüttelst du auf
und zu den Demütigen,
die nur zaghaft auf dich zu hoffen wagen,
sagst du Ja.
Als Sichere und Zaghafte,
Hochmütige und Demütige
stehen wir vor dir
und bitten:

Nimm dich der Hochmütigen an,
dass ihre Fassaden bröckeln und sie sich anderen
und sich selbst unverstellt zeigen können.

Nimm dich der Demütigen an,
dass ihr Vertrauen auf dich weiter wachse
und sie aufrecht durchs Leben gehen können.

Nimm dich derer an,
die von der Welt auf die Knie gezwungen werden,
dass sie wieder aufrecht stehen können.

Nimm dich deiner Kirche an,
dass sie demütig und aufrecht
deine Liebe verkündet.

Nimm dich unserer Verstorbenen an
und führe sie zu dir,
dass beim himmlischen Festmahl
Hochmütige und Demütige beieinander sitzen.

Wir bitten dich für uns alle:
Nimm das Hochmütige und Stolze in uns
und wandle es in echte Demut,
dass wir ehrlich und aufrecht
durchs Leben gehen können.

Dies bitten wir durch Jesus Christus,
deinen Sohn, unseren Bruder,
der mit dir
und dem heiligen Geist
lebt und regiert
in Ewigkeit.

12. Sonntag nach Trinitatis

R. Koeppen

Das geknickte Rohr wird er nicht zerbrechen,
und den glimmenden Docht wird er nicht auslöschen.
Jesaja 42,3a

Jesus Christus - das aufgedeckte Antlitz Gottes;
Jesus Christus - in unsere Tode hineingestorben;
Jesus Christus - die Hoffnung auf die Heilung aller Lebenswunden und Lebensschulden.[44]
Fulbert Steffensky (geb. 1933)

Predigttexte

I Apostelgeschichte 3,1–10
II 1. Korinther 3,9–17
III Markus 7,31–37
IV Apostelgeschichte 9,1–20
V Jesaja 29,17–24
VI Lukas 13,10–17

BALSAM ENTDECKEN

Tagesgebet

Gott,
wer im Unheilen gefangen ist,
dem dümpeln Tage so dahin.
Angeschlagen, gebrochen, zerbrochen ist so vieles.
Hilflos macht der Alltag,
die Kraft reicht dann oft nicht mal
für die täglichen Routinen.
Stützen scheinen weit weg.
Der Blick über den Tellerrand will nicht so recht gelingen.
Alle Hoffnung schwindet dann im Grau in Grau des Einerleis.

Du,
Heiland,
aber kannst Zeichen neuer Hoffnung schenken,
Wunder wirken.

Lass sie auch uns erreichen inmitten der Bruchstücke unseres Lebens,
mit allem, was verletzt, verquer und verwundet ist an Leib und Seele.
Komm zu allen, die im Dunkel nach Licht suchen.
Wir brauchen dein Erbarmen.

Das geknickte Rohr wirst du nicht zerbrechen,
und den glimmenden Docht nicht auslöschen.[45]

Deine heilende Nähe richte uns auf und sei uns Halt.
Dein Ruf erreiche uns, dass sich auftue, was sich wandeln soll.
Du heilst, die zerbrochenen Herzens sind[46],
und verbindest unsere Wunden.

Balsam für Leib und Seele bist du.
Lass uns auf deine Güte hoffen
und sie heute neu erfahren.

DAS WUNDER DER NÄHE WANDELT

Fürbittengebet

Gott
des Lebens,

unsere Gedanken und Herzen suchen dich –
den Wandler aller Widrigkeiten.
Bei dir sind Schutz und Heil,
neue Möglichkeiten.
Danke!

Wir bitten dich
für jeden einzelnen von uns:
für alle, die sich angeschlagen und versehrt erleben,
für alle Kranken, an Leib und Seele Verletzten,
dass sie tröstende Begleitung finden,
offene Ohren, stärkende Hände, kreative Unterstützer.

Lass uns gegenseitig offen sein für die zarten Zwischentöne,
für den liebevollen Blick hinter die zur Schau gestellten Fassaden,
die unser wahres Menschsein zeigen.

Für unsere Gemeinden bitten wir:
Lass sie Orte sein, an denen Suchende, Fragende, Verletzte
deinen Raum des Heils ertasten können
und zum Aufatmen und Kraft schöpfen finden.

Lass uns als deine Boten achtsam sein füreinander,
damit Menschen, die sich elend fühlen,
wärmende Nähe erfahren und Hilfe für den nächsten Schritt.

Lass die Spuren deiner Gegenwart uns anstecken.
Damit unsere Lebensräume zu Oasen werden.
Vom Leben stumm Gewordene mögen dort neu Sprache finden.
Vom Lärm der Welt taub Gewordene mögen neu hören lernen
deine verheißungsvollen Worte, die Lebensmut schenken.

Wir bitten dich für unsere gebrochene Welt,
in der so viel Unheil zuhause ist.
Dein Geist beflügle,
damit Mächtige aus ihren Verblendungen herausfinden
und Wege als Friedensbotschafter entdecken.

Lenke die Sinne weg von gegenseitigen Grausamkeiten
Hin zu heilendem Miteinander.

Bewege Menschen an allen Schaltstellen von Regierungen,
das Wohl der ihnen Anvertrauten neu in Blick zu nehmen.

Richte uns auf.
Schenke Phantasie und Energie,
unheilvolle Zustände endlich zu beenden,
neue Hoffnung zu säen
und Perspektiven zum Wohle aller zu entwickeln..

13. Sonntag nach Trinitatis

G. Neumann-Beiler

Christus spricht:
Was ihr getan habt einem von diesen meinen geringsten Brüdern, das habt ihr mir getan.
Matthäus 25,40b

Die Menschen ziehen in die Welt.
Sie staunen über die hohen Gipfel der Berge,
die ungeheuren Wogen des Meeres,
die Länge der Ströme,
die Weite der Ozeane,
die Kreisbewegung der Gestirne
– und gehen achtlos aneinander vorbei.[47]
Augustinus (354–430)

Predigttexte

I Markus 3,31–35
II 1. Mose 4,1–16a
III Apostelgeschichte 6,1–7
IV Lukas 10,25–37
V 1. Johannes 4,7–12
VI 3. Mose 19,1–3.13–18.33–34

EIN NEUES GEBOT

Tagesgebet

Gott
der Liebe.
Jesus,
unser Bruder,

du bist an niemandem vorübergegangen,
der deine Hilfe brauchte.
Du bist an niemandem vorübergegangen,
der dich rief.
Jeder Mensch war dir wichtig.
Vor allem die Geringsten
unter deinen Brüdern und Schwestern.

Wir bitten dich,
mach uns offen und bereit,
dass wir tun,
was du vorgelebt hast.

Dein guter Geist leite uns.

In Jesus Christus,
unserem Herrn.

DEM NÄCHSTEN LIEBEVOLL BEGEGNEN

Fürbittengebet

Jesus.
In den Menschen,
denen wir begegnen,
begegnest du uns.

Wir bitten:

Mach uns einfühlsam
für die Bedürfnisse unserer Mitmenschen.
Lass uns über unsere Schatten springen,
auch bei denen,
die wir nicht mögen.
Öffne unser Herz,
dass wir dich in dem Nächsten erkennen.

Lass uns achtsam mit unseren Worten umgehen.
Es ist manchmal so schwierig,
die richtigen Worte zu finden.
Viele Worte verletzen, stoßen ab, kränken.
Öffne unseren Mund,
damit wir deine Botschaft der Liebe weitersagen.

Gewalt herrscht in unserer Welt.
Kinder, Frauen und Männer leiden
unter Konflikten, Verletzungen und Misshandlungen.
Oft ganz nah.
Und wir erkennen es nicht.
Lass uns dem Nächsten die Hände reichen –
zur Hilfe und zum Frieden.

Oft verschließen wir die Augen,
um nicht zu sehen,
was um uns herum geschieht,
um nicht zu sehen,
wie wir schuldig werden an anderen,
die einsam sind, trauern
oder Hunger und Durst nach Leben haben.
Lass uns wachsam durch die Welt gehen
und den Menschen dein Licht und deine Liebe bringen.

Jesus,
im Nächsten begegnest du uns.
Jesus,
im Nächsten erleben wir deine Liebe.
Wir wollen uns aufmachen
und uns Zeit nehmen
für die Menschen,
die uns brauchen.

Mit deiner Hilfe.

14. Sonntag nach Trinitatis

S. Thürmel

Lobe den HERRN, meine Seele,
und vergiss nicht, was er dir Gutes getan hat.
Psalm 103,2

Nicht die Glücklichen sind dankbar.
Es sind die Dankbaren, die glücklich sind.
Francis Bacon (1561–1626)

Predigttexte

I 1. Mose 28,10–19a(19b–22)
II Jesaja 12,1–6
III 1. Thesalonicher 5,14–24
IV Lukas 19,1–10
V Lukas 17,11–19
VI Römer 8,14–17

WENDE UNSEREN BLICK

Tagesgebet

Wie oft sehen wir,
Gott,
auf das, was nicht geglückt ist,
und kritisieren kleine Mängel
im ansonsten gelungenen Zusammenspiel.
Dabei übersehen wir das viele Gute
und die wunderbaren und erfüllenden Begebenheiten.

Wie leicht hören wir
auf die Stimme der vielen Sorgen des Alltags
und der Probleme, die es zu lösen gilt.
Dabei überhören wir Worte des Zuspruchs und der Hilfe,
des Trostes und der Ermutigung.

Wie häufig rennen wir
den Anforderungen hinterher
und fühlen uns getrieben von der Fülle der täglichen Aufgaben.
Dabei hasten wir an den kleinen Dingen vorbei,
die das Leben so schön, bunt und wertvoll machen.

Wir bitten dich,
Gott:
Wende unseren Blick,
dass wir mehr auf das Geglückte und Erfüllende sehen.

Lass uns sorgsamer
auf die guten Stimmen und Worte hören,
die Sorgen Einhalt gebieten und Kraft für den Alltag geben.

Schenke uns Momente der Ruhe und der Einkehr,
damit wir die Dinge gelassener angehen,
die kleinen Wunder neu wahrnehmen
und wieder lernen, danke zu sagen.

WIR DANKEN DIR, GOTT

Fürbittengebet

Du gibst uns so viel Grund,
Gott,
dankbar zu sein.

Du schenkst uns Menschen, mit denen wir uns gerne umgeben,
die es gut mit uns meinen, die uns lieben und die wir lieben.

Du segnest unsere tägliche Arbeit und Mühe,
damit wir immer wieder ernten können.
Du schenkst uns Erfolge und Zufriedenheit
und lässt uns Gutes bewirken.

Du erhältst unser Leben und schenkst uns Gesundheit,
damit wir jeden Tag neu aus deiner Hand nehmen können.

Du stärkst uns und bist uns ein Licht,
damit wir die Kraft haben,
Schweres durchzustehen und Leid zu ertragen.
Dafür danken wir dir von ganzem Herzen.

Wir bitten dich für Menschen,
die verlernt haben, dankbar zu sein,
die alles für selbstverständlich halten,
die zu satt und zu bequem geworden sind,
um „Danke“ zu sagen.
Lass sie das Glück und die Kraft,
die in der Dankbarkeit wohnen, neu entdecken.

Wir bitten dich für alle,
die nicht erkennen können, dass du es bist,
dem sie das Gute in ihrem Leben zu verdanken haben.
Bewege sie durch deinen Geist,
dass sie spüren, deine Kinder zu sein,
die das Gute aus deiner Hand empfangen.

Wir bitten dich für alle,
die einsam sind, auf die niemand achtet
und die sich nach Liebe und Fürsorge sehnen.
Schenke ihnen Begegnungen mit Menschen,
die sie erfüllen und die ihnen guttun.
Lass sie für andere eine Hilfe sein,
damit sie erleben, dass sie wichtig sind und gebraucht werden.

Wir bitten dich für alle,
die keinen Sinn in ihrer Arbeit sehen,
die selten Erfolge haben und frustriert sind.
Lass sie Aufgaben in ihrem Leben finden, die sie erfüllen,
damit sie aussäen und ernten können.
Lass sie spüren, dass du ihr Bemühen segnest.

Wir bitten dich für alle,
die keine Lebensfreude mehr haben,
über die sich große Traurigkeit legt
und die in der Dunkelheit zu versinken drohen.
Schenke ihnen Menschen, die ihre Not ernst nehmen,
mit ihnen geduldig Wege ins Licht beschreiten
und ihnen helfen, den Mantel der Trauer abzulegen.

Wir bitten dich für alle,
die ein schweres Leid tragen, die schlimm erkrankt sind
oder sich auf das Ende ihres Lebens vorbereiten.
Lass sie spüren, dass du selbst an ihrer Seite stehst
und sie ihre Last nicht alleine tragen
und ihren letzten Weg nicht ohne Beistand gehen müssen.

Wir bitten dich für alle,
die aus tiefer Dankbarkeit leben,
die aus einfachen Kleinigkeiten Mut und Hoffnung schöpfen,
die trotz aller Widrigkeiten im Leben die Dankbarkeit nicht vergessen.
Erhalte ihre Zuversicht
und lass sie uns Anstoß und Vorbild sein,
unser Leben zu gestalten und dich zu loben.

15. Sonntag nach Trinitatis

B. Mayer-Schärtel

All eure Sorge werft auf ihn;
denn er sorgt für euch.
1. Petrus 5,7

Denke daran, dass du ein irdischer Mensch bist,
und fürchte dich nicht so sehr,
denn Gott sucht nicht immerzu Himmlisches in dir.
Hildegard von Bingen (1098–1179)

Predigttexte

I 1. Petrus 5,5b–11
II 1. Mose 2,4b–9(10–14)15(18–25)
III Lukas 17,5–6
IV Galater 5,25–6,10
V 1. Mose 15,1–6
VI Matthäus 6, 25–34

HILF UNS, IN DEINEM ZU GEIST HANDELN

Tagesgebet

Du hast uns geschaffen,
Gott,
um die Erde zu bebauen und zu bewahren
und als deine Ebenbilder zu leben
– in guter Gemeinschaft mit dir und unseren Mitmenschen.

Wir bitten dich:
Steh uns bei in unserem bruchstückhaften Bemühen,
in deinem Geist zu handeln,
dir zu vertrauen
und unseren Nächsten hilfreich zur Seite zu stehen.

Was uns Mühe und Sorge bereitet,
hilf uns zu tragen
und nimm es in deine Hände.

SICH KÜMMERN

Fürbittengebet

Dass wir uns nicht sorgen müssen,
hören wir,
denn du,
Gott,
sorgst für uns.[48]

Dass wir dir unsere Sorgen anvertrauen dürfen,
hören wir,
denn du,
Gott,
kümmerst dich darum.

Dank sei dir
für diesen Zuspruch,
diese Entlastung,
dieses Versprechen.

Voll Vertrauen bringen wir deshalb alles,
was uns belastet, vor dich
und bitten dich:
Nimm dich unserer Sorgen an.

Unserer Sorgen um die Zukunft deiner Welt
angesichts von Klimawandel, Aufrüstung und religiöser Konflikte;
unserer Sorgen um alles, was uns persönlich bewegt,
das Wohlergehen von Kindern und Enkeln,
das Älterwerden und den Verlust von Kraft und Mobilität,
das finanzielle Auskommen im Alter.

Hilf uns,
Gott,
gelassen und zuversichtlich
nach vorne zu blicken.

Dich,
Gott,
bitten wir für alle,
die sich um andere kümmern und für sie sorgen:

Für die Frauen und Männer, die sich in ihrer eigenen Familie
um Kinder und pflegebedürftige Angehörige kümmern
und Tag für Tag für sie da sind.
Für die Erzieherinnen und Pflegekräfte in Kindertagesstätten,
Krankenhäusern, Seniorenheimen und Behinderteneinrichtungen,
die sich – oft schlecht bezahlt –
mit ihrer ganzen Kraft für andere einsetzen.

Erhalte ihnen,
Gott,
ihre Gesundheit, ihr Engagement und ihre menschlichen Werte.

Dich,
Gott,
bitten wir auch für alle,
die Gesetze machen, Vorschriften erlassen
und über Gelder beschließen:

Lass sie den Wert menschlichen Lebens
immer über wirtschaftliche Überlegungen stellen,
Mitgefühl und Nächstenliebe Raum geben
und sich für kreative und phantasievolle Lösungen öffnen.

Schenke deinen guten Geist
in all unserem Denken, Fühlen und Handeln.

16. Sonntag nach Trinitatis

S. Schuster

Christus Jesus hat dem Tode die Macht genommen
und das Leben und ein unvergängliches Wesen ans Licht gebracht
durch das Evangelium.
2. Timotheus 1,10b

Jesus ruft nicht zu einer neuen Religion,
sondern zum Leben.[49]
Dietrich Bonhoeffer (1906–1945)

Predigttexte

I Johannes 11,1(2)3.17–27(28–38a)38b–45
II 2. Timotheus 1,7–10
III Klagelieder 3,22–26.31–32
IV Lukas 7,11–17
V Hebräer 10,35–36(37–38)39
VI Psalm 16,(1–4)5–11

BEFREIT VON ANGST

Tagesgebet

Du,
Gott,
hast dem Tod
die Macht genommen und Leben gebracht.
Durch dich sind die Türen weit offen
für das Schreiten durch Raum und Zeit.

Schenke uns Zuversicht,
wenn uns Angst den Blick verstellt.
Angst vor dem Endgültigen,
Angst vor dem Trennenden,
Angst vor Dunkelheiten.
Angst vor Fremden.

Setze dagegen
ein Wort, das Leben schafft,
ein Wort, das Ewigkeit verheißt,
ein Wort, das Brücken baut,
ein Wort wie Licht in der Nacht.

Nichts soll uns mehr gefangen nehmen,
denn das Leben hat gesiegt.
Es zeigt uns jeden Morgen neu,
dass wir
dank dir
erlöst sind zu leben.

FÜR DAS WUNDER DES LEBENS

Fürbittengebet

Gott,
mit offenen Augen und Herzen
für das Wunder des Lebens
bitten wir dich:

Wenn im grauen Alltag die Gefühle abstumpfen,
setze Lebensfreude in die Augen der Menschen,
damit sie sehen, was zum Leben lockt,
und sie durch die Lücken des Alltäglichen
deine Wunder wahrnehmen.

Wenn Hass, Neid und Gier
Menschenschicksale zerstören
und der Natur schwere Wunden zufügen,
dann schenke Zufriedenheit und fröhlichen Verzicht,
um Heilung zu ermöglichen.

Wenn Kriege um Macht und Geld
unschuldige Menschen zu Opfern machen,
dann lass uns aufstehen und friedlich für das kämpfen,
was wirklich zählt.

Wenn Krankheiten und Schmerzen
der Hoffnung die Kraft rauben
und Worte nichts mehr zu sagen haben,
dann schick uns in der Stille
deinen
Beistand –
tröstend und liebevoll.

In allen Fällen aber
stärke uns mit deiner Macht,
die Dinge zu verwandeln
und Wege zum Leben
für uns zu finden
und anderen zu ebnen.

17. Sonntag nach Trinitatis

M. Löfflmann

Unser Glaube ist der Sieg,
der die Welt überwunden hat.
1. Johannes 5,4b

Siege, aber triumphiere nicht.
Marie von Ebner-Eschenbach (1830–1916)

Predigttexte

I Josua 2,1–21
II Matthäus 15,21–28
III Römer 10,9–17(18)
IV Jesaja 49,1–6
V Markus 9,17–27
VI Galater 3,26–29

KEIN SIEG OHNE NIEDERLAGE

Tagesgebet

Gott,
die Welt überwinden,
die Welt besiegen,
alles gut im Griff,
alles unter Kontrolle haben,
fest im Glauben,
stark in der Hoffnung
und voller Liebe –
gerne wären wir so.

Doch unser Leben ist kein Triumphzug.

Am Glauben zweifeln wir,
die Hoffnung schwankt,
die Liebe enttäuscht uns.

Wir treten vor dich,
Gott.
Haben Kämpfe geführt,
teure Siege errungen,
bittere Niederlagen erfahren.
Blicke in unsere Herzen.
Öffne uns die Münder.
Höre unsere Bekenntnisse.
Wir bitten dich:
Schenke uns Vertrauen.
Komm uns entgegen.
Schließ uns fest in deine Arme.

NICHTS IST UNMÖGLICH

Fürbittengebet

Gott,
du rufst uns zu:
„Alle Dinge sind möglich dem, der da glaubt".[50]

Wir hören nur das Wort „Möglichkeiten"
und laufen los zu dem, was möglich scheint,
zu dem, was uns schnell zu viel wird.
Wir lassen liegen, was uns eben noch etwas bedeutete,
geben alles bis zur Erschöpfung.
Beklagen unsere Grenzen,
suchen die Optimierung,
brauchen noch mehr Möglichkeiten.

Gott,
du rufst uns zu:
„Dem, der glaubt, ist alles möglich".
Lass uns hören,
dass wir glauben, dass wir lieben, dass wir hoffen,
um unsere Möglichkeiten zu erkennen.

Gott,
wir hören:
„Wer mit dem Herzen glaubt, wird gerecht".[51]

Schon glauben wir uns nur selbst,
sehen uns als Verlierer,
sehen uns als Gewinner,
beklagen unsere Schwächen,
bejubeln unsere Stärken.
Dennoch brauchen wir uns gegenseitig.
Brauchen unsere Stärken und Schwächen,
unsere Siege und Niederlagen,
um mit dem Herzen zu glauben.

Wir bitten dich
um ehrliche Gemeinschaft,
um Herzen, die füreinander schlagen,
um Gerechtigkeit,
die dir und den Menschen dient.

Gott,
wir sagen laut:
„Wer mit dem Munde bekennt, wird selig.“[52]

Wie gerne schauen wir auf die Niederlagen anderer,
wie oft wissen wir, wo die Schuld der Nächsten liegt,
wie oft reden wir über andere, statt mit ihnen?
Doch die eigene Schuld bedecken wir,
reden das eigene Versagen klein,
verkaufen Niederlagen als Siege.

Lass uns sprechen
von Gerechtigkeit, von Vergebung, von Aufrichtigkeit.

Gott,
du gibst uns Glauben,
mit dem wir die Welt überwinden.
Krieg und Terror,
Krankheit und Tod,
Armut und Angst
können diesen Glauben nicht überwinden.
Bei dir ist alles möglich.

Öffne uns täglich die Augen für diese Möglichkeiten.
Richte unsere Herzen aus auf diese Möglichkeiten.
Lenke unsere Hände hin zu diesen Möglichkeiten.

„Alles ist möglich dem, der da glaubt.“
Darauf lass uns vertrauen.

18. Sonntag nach Trinitatis

K. Großmann-Bomhard

Dies Gebot haben wir von ihm,
dass, wer Gott liebt,
dass der auch seinen Bruder liebe.
1. Johannes 4,21

Wenn wir müde geworden sind, das Geheimnis und das erregende Rätsel, das der Mensch ja immerhin ist, auszuhalten, machen wir uns ein Bild von ihm.
Das ist das Lieblose, das ist der Verrat.
Unsere Meinung, jemanden zu kennen, ist das Ende der Liebe.[53]
nach Max Frisch (1911–1991)

Predigttexte

I Jakobus 2,14–26
II 5. Mose 30,11–14
III Markus 10,17–27
IV Epheser 5,15–20
V 2. Mose 20,1–17
VI 1. Petrus 4,7–11

AUFEINANDER ZUGEHEN

Tagesgebet

Du,
Gott,
bist die Liebe.

Wenn wir darauf vertrauen,
können wir im Nächsten
unsere Schwester und unseren Bruder sehen.

Wir können aufeinander zugehen ohne Furcht.
Denn „Furcht ist nicht in der Liebe."[54]

Wir können aufeinander zugehen
ohne Ansehen der Person,
ohne Wertung,
ohne Vorurteile.

Wir können zugehen
auf Arme und Reiche,
Schwache und Starke,
Junge und Alte,
Freie und Verfolgte,
Traurige und Glückliche,
Hoffende und Zweifelnde.

Wenn wir gehen,
dann bleiben wir in dir und in deiner Liebe.

Hilf uns,
den ersten Schritt zu tun.

DEINE GEBOTE

Fürbittengebet

Deine Gebote,
Gott,
sind die Richtschnur für unser Leben.

An ihnen können wir entlanggehen,
um sicher durch unser Leben zu kommen
und an deinem Reich des Friedens, der Gerechtigkeit und der Freude mitzubauen.

Aber wie schwer fällt es uns oft,
danach zu leben?

Heute bitten wir dich für uns
und rufen zu dir:
Gott,
erbarme dich.

Dich sollen wir ehren
und laufen so vielen Göttern nach.

Dich sollen wir ehren
und begehen in deinem Namen
Taten der Gedankenlosigkeit und des Unfriedens.

Dich sollen wir ehren
und vergessen dich über unserem Alltag
und in unserer freien Zeit.

Du begegnest uns in Menschen
und wir achten nicht die, die vor uns waren
oder nach uns kommen.

Du begegnest uns in Menschen
und wir lassen zu, dass sie verfolgt,
verraten und ermordet werden.

Du begegnest uns in Menschen
und wir missachten Vertrauen,
verletzen Gefühle und treten Liebe mit Füßen.

Du begegnest uns in Menschen
und wir verurteilen sie und begehen Rufmord.

Du begegnest uns in Menschen
und wir neiden ihnen
ihren Erfolg, ihre Familie, ihre Gesundheit.

Gott,
erbarme dich.

Hab Dank,
dass wir jeden Tag
neu anfangen können.
Denn alle Dinge sind möglich bei dir.[55]

19. Sonntag nach Trinitatis

R. Koeppen

Heile du mich, HERR,
so werde ich heil;
hilf du mir, so ist mir geholfen.
Jeremia 17,14

Verwundete, Behinderte, Kranke konfrontieren uns auf den ersten Blick damit, wie wir nicht sein wollen: krank und heillos.
Wenn wir aber die Augen nicht abwenden,
werden wir die Wunde in uns selbst entdecken
und damit den inneren Heiler.[56]
Eckhard Frick, SJ (geb. 1955)

Predigttexte

- I Johannes 5,1–16
- II Epheser 4,22–32
- III Jesaja 38,9–20
- IV Markus 2,1–12
- V Jakobus 5,13–16
- VI 2. Mose 34,4–10

DEINE LEBENSKRAFT ERREICHE UNS

Tagesgebet

Gott,
du bist Tröster und Anker,
Horizont auf unserer Lebensreise.

Entdecken wir dich heute und hier
inmitten unseres Daseins?
Können wir glauben, dass es da eine Hoffnung gibt
hinter allen Zumutungen des Lebens?

Jetzt – hier – versuchen wir,
unseren Lebensfaden mit dir zu verknüpfen.
Lass uns heute das zarte Band deiner Nähe spüren.

Komm in unsere Mitte
und rühre uns an mit deiner Kraft.

Dein Atem beflügle uns.
Dein Wort lass uns neu aufhorchen.
Deine stärkende Hand erreiche uns.
Deine Kraftquellen lass übersprudeln.
Deine Wegweisung sei unser Kompass.

Lass dieses tiefe Sehnen in uns
in dir Erfüllung finden
und unser verwundetes Leben Heilung.

DEINE NÄHE KANN HEIL MACHEN

Fürbittengebet

Gott,
Liebhaber der Menschen.

Wir danken dir, dass du diese Welt so wunderbar gemacht hast.
Salvator und Heiland nannten dich unsere Vorfahren.
Lass uns heute dieses Geheimnis neu entdecken.
Deine Heil bringende Kraft erbitten wir für unser Dasein.
Deine heilende Kraft stärke uns.

Für alle Menschen,
krank an Leib, Seele und Geist,
bitten wir um Linderung, ja Heilung, wo immer es möglich ist.
Hilf, dass wir immer wieder Kraft finden
zum Verzeihen und Vergeben,
zum Klären unserer Beziehungen, um unbelastet den Weg zu finden.
Deine heilende Kraft stärke uns.

Sei mit allen,
deren Leben durch Krankheit umgekrempelt wird
und für die sich so Perspektiven wechseln.
Sei nahe denen, die in der neuen Woche operiert werden.
Lass sie inmitten des Ungewissen in dir gewiss werden.

Behüte, die sich harten Therapien stellen müssen.
Erbarmen schenke in Wartephasen und Geduldsproben,
an unerträglichen Tagen und Nächten.

Schenke Lichtschimmer,
die Spuren von Hoffnung und Balsam bringen.
Zuversicht für jeden neuen Tag lass wachsen,
Kraft, sich auszuruhen
und für sich neu einen Traum und ein Ziel zu entdecken.
Deine heilende Kraft stärke uns.

Sei mit allen Gebrechlichen, vom Leben Verletzten.
Menschen, deren Haut dünn geworden ist
und die sich als fragil erleben.
Sei Stütze, wenn der Windhauch heftiger Emotionen
sie umzuwerfen droht.
Hilf beim Ringen um Balance Tag für Tag.

Sei nahe in Stunden bitterer Einsicht,
dass es so wie bisher nicht mehr weitergeht.
Wenn Menschen spüren, sie werden nicht mehr gesund.
Öffne du,
Gott,
das Herz für das Heilende,
das dennoch erfahrbar sein kann bis ans Ende unserer Tage.
Sei unseres Herzens Trost.
Deine heilende Kraft stärke uns.

Behüte alle, die in heilenden Berufen tätig sind,
und alle, die sich um andere kümmern.
Gib begnadete Fähigkeiten zum Wohl der uns Anvertrauten,
Einfühlungsvermögen und Sachverstand.
Ein weites Herz, Güte und Barmherzigkeit für Leidende schenke,
damit wir Schwachen zu ihrer Würde verhelfen.
Deine heilende Kraft stärke uns.

Behüte unsere Welt,
dass alle, die Verantwortung tragen,
mithelfen, Not zu lindern –
die im eigenen kleinen Lebensraum und alle Not der großen Welt,
auf den Meeren und Kontinenten,
in Kriegen,
an den Grenzen.

Heile unsere Welt!

20. Sonntag nach Trinitatis

G. Neumann-Beiler

Es ist dir gesagt, Mensch, was gut ist und was der HERR von dir fordert;
nichts als Gottes Wort halten und Liebe üben
und demütig sein vor deinem Gott.
Micha 6,8

Der Unterschied
zwischen dem richtigen Wort und einem beinahe richtigen Wort
ist derselbe
wie der zwischen einem Blitz und einem Glühwürmchen.
Mark Twain (1835–1910)

Predigttexte

I 1. Mose 8,18–22; 9,12–17
II Markus 2,23–28
III Prediger 12,1–7
IV Hoheslied 8,6b–7
V Markus 10,2–9(10–12)13–16
VI 2. Korinther 3,3–6(7–9)

GOTTES WORT ZEIGT UNS DEN WEG, GUT ZU LEBEN

Tagesgebet

Gott
des Wortes.

Wir kommen in der Stille zum Nachdenken.
In der Hektik des Alltags stolpern wir vor uns hin.
Wir haben so vieles zu verarbeiten,
dass wir kaum zum Nachdenken kommen.
Wir müssen nachdenken
über das, was wir getan,
und über das, was wir nicht getan haben,
über dich und dein Wort,
über uns selbst
und über die Menschen, mit denen wir zu tun haben.

Öffne unsere Herzen und unseren Geist,
damit wir dein Wort hören und verstehen.

GOTTES WORT AUF ALL UNSEREN WEGEN

Fürbittengebet

Gott
des Wortes,
du hast uns dein Wort geschenkt.

Wir bitten dich:
Lass uns auf dein Wort hören,
damit es uns öffnet und wir es verstehen.
Dein Wort ist überall.
Komm zu uns.

Lehre uns,
uns selbst zu hinterfragen
und unser Leben zu überprüfen.
Gott
des Wortes,
hilf uns ehrlich zu uns zu sein.

Lehre uns,
andere nicht voreilig in eine Schublade zu stecken.
Gott
des Wortes,
Worte können verletzen und trennen
oder eine neue Begegnung schenken.

Lass uns auf den Nächsten schauen,
helfen und barmherzig sein.
Gott
des Wortes,
meine Hände sollen dein Wort sein.

Machtbesessen und stolz
gehen wir mit unseren Mitmenschen
und unserer Schöpfung um.
Gott
des Wortes,
lehre uns,
achtsam und demütig mit unseren Mitgeschöpfen umzugehen.

Gott
des Wortes,
wir bekennen,
dass wir oft schwach und unfähig sind,
deine Gebote zu halten
und mit Leben zu füllen.
Befreie uns von unserem Selbstbetrug.
Nimm die Balken aus unseren Augen.[57]

Lass uns offen werden
für dich,
für dein Wort,
hart gegenüber Ungerechtigkeit und Gewalt
tolerant gegenüber den Menschen und der Schöpfung.

21. Sonntag nach Trinitatis

K. Eberius

Lass dich nicht vom Bösen überwinden,
sondern überwinde das Böse mit Gutem.
Römer 12,21

Kein Ding ist auf der Welt so hoch und wert zu halten
als Menschen,
die mit Fleiß nach keiner Hoheit trachten.
Angelus Silesius (1624–1677)

Predigttexte

I Epheser 6,10–17
II Jeremia 29,1.4–7(8–9)10–14
III Matthäus 10,34–39
IV Johannes 15,9–12(13–17)
V 1. Mose 13,1–12(13–18)
VI Matthäus 5,38–48

GEBIETE EINHALT, GOTT DES LEBENS

Tagesgebet

Gott,
wir kommen zu dir mit der Zuversicht:
Da ist noch ein anderer, der uns bestimmt.
Du allein bist ewig und groß – wie ein nie versiegender Strom.

Wir aber kommen aus einer Reihe von Tagen,
in denen wir wie Totholz getrieben sind in vielen Strömen.
Menschen, Termine, Waren und Güter.
Sie bewegen uns und treiben uns voran.

Es fällt uns schwer, Besonnenheit zu üben,
dem Leben Zeit zu geben, das Richtige zu tun.

Hilf,
Gott!
Denn ausgestreckt sind bittend unsere Hände –
nach dir.
Nicht die Macht der Gewohnheit soll uns binden.
Nicht soll uns jagen die verdammte Gier.
Nicht Lebensunterhalt bringen der Ehrgeiz und das Geld.
Wenn aber du die Seele füllst und stillst den Hunger,
so wächst erneut am Baum des Lebens frisches Grün.

Ewig bist du allein,
Gott.
Lass neu uns wählen,
dass wir deine Töchter, deine Söhne sind.
Gebiete Einhalt dem Verderben
und bestimme du, was unser Handeln treibt.
Aufs Neue lass wachsen die gute Saat, die du vor Zeiten schon gelegt.

Das bitten wir dich,
Gott des Lebens,
Vater, Sohn und Heiliger Geist.

WIR HOLEN ATEM UND BITTEN DICH UM NEUE KRAFT

Fürbittgebet

Vor Anbeginn der Zeit,
Gott,
hast du uns Leben eingehaucht.
Frei geht seit jenem Tag
unser Atem aus und ein.

Frei sein dürfen wir auch heute.
An diesem Sonntag stärken uns dein Wort und dein Mahl.
Du hältst die Zeit an
und machst fest die vielen Lastenräder.
Wir holen Atem,
erfreuen uns am Leben
und können frische Kräfte schöpfen.
Noch einmal,
Gott,
sei dir dafür unser Dank gesagt.

Wir bitten dich für alle, die an sich selber zweifeln.
Lass sie spüren, wie sicher deine Hand sie trägt,
und mache sie des Weges gewiss, auf dem sie gehen.
Lass du sie tapfer Atem holen –
und gib neue Kraft.

Wir bitten dich für alle, die um einen Platz im Leben kämpfen.
Dass sie ihr Vertrauen auf dich und deine treue Liebe setzen.
Lass du sie tapfer Atem holen –
und gib neue Kraft.

Wir bitten dich für alle, die vor einer hohen Mauer stehen.
Dass sie behütet weiterkommen,
weil du mit auswählst ihren Steig und Tritt.
Lass du sie tapfer Atem holen –
und gib neue Kraft.

Wir bitten dich für alle, deren Last zu schwer,
für alle, deren Pflicht zu groß wird.
Führ du ihre Bahnen zum Ziel und behüte ihr liebendes Herz.
Lass du sie tapfer Atem holen –
und gib neue Kraft.

Wir bitten dich für alle, die hin- und hergerissen sind
zwischen dem, was sie möchten,
und dem, was sie müssen oder sollen.
Gib ihnen Klarheit, ihrem Streben ein gutes Ziel.
Lass sie entschieden Atem holen –
und gib neue Kraft.

Wir bitten dich für alle, die in Versuchungen geraten.
Für alle, die mit Hass und Habgier ringen.
Dass du sie fest sein lässt auf deiner Seite,
damit sie nicht den guten Weg verlieren.
Lass sie beständig Atem holen –
und gib neue Kraft.

Wir bitten dich für alle, die das Alter beugt,
für alle, die durch Krankheit schwach.
Du mögest lindern die Beschwerden und pflegen ihre dünne Haut.
Lass sie voll Zuversicht den Atem holen –
und gib neue Kraft.

Wir bitten für alle, die den letzten Atem holen,
denn unser Leben ist begrenzt.
Lass niemanden einsam sein beim Sterben.
Gib jeder und jedem die gebotene Ruh.
Behüte vor großen Ängsten
und mach uns frei,
nach deinem Rat zu leben.

Das bitten wir dich, der du unseren Atem teilst,
Gott,
Vater, Sohn und Heiliger Geist.

22. Sonntag nach Trinitatis

W. Reindlmeier

Bei dir ist die Vergebung,
dass man dich fürchte.
Psalm 130,4

Um jemandem leichter vergeben zu können,
muss man eine kleine Sünde gegen ihn begehen,
damit er auch etwas zu vergeben habe.
Christian Friedrich Hebbel (1813–1863)

Predigttexte

I Matthäus 18,21–35
II Römer 7,14–25a
III Jesaja 44,21–23
IV Matthäus 18,15–20
V 1. Johannes 2,12–14
VI Micha 6,1–8

VERANTWORTUNG LERNEN

Tagesgebet

„Herr, deine Güte reicht, so weit der Himmel ist."[58]
Dafür sind wir dir von Herzen dankbar,
Gott.
Du bist verschwenderisch,
wenn du Gnade und Barmherzigkeit an uns verteilst.
Deine Bereitschaft zur Vergebung kennt keine Grenzen.
Du bietest uns an, immer wieder neu zu beginnen,
wenn die Schuld schwer auf uns lastet.

Aber wie oft möchten wir uns auch davor drücken,
dass wir verantwortlich sind für unser Tun und Reden.
Wir suchen Ausreden und Entschuldigungen,
wir flüchten uns in Beschwichtigungen.

Deine große Güte möchte dabei uns helfen,
dass wir unser Verhalten ehrlich ansehen können.

Du willst nicht, dass wir Angst vor der Verantwortung haben.
Du verzeihst, damit wir reifen können.

Dafür danken wir dir von Herzen.

DEN WEG DER GÜTE GEHEN

Fürbittengebet

Gott,
du weißt, wie schwer wir uns oft tun,
wenn wir vergeben sollen.
Wir rechnen nach,
ob wir nicht zu kurz gekommen sind.
Wir prüfen,
ob wir auch das bekommen haben, was uns zusteht.
Wir erwarten,
dass wir gerecht behandelt werden.
Wir haben es gerne,
wenn wir großzügig bedacht werden.

Gerne rufen wir nach Strafe und Vergeltung,
wenn wir bei anderen ein falsches Handeln erkennen.
Wir sind schnell bei der Überzeugung,
dass man dies und jenes nicht einfach durchgehen lassen kann.

Hilf uns dabei,
dass wir gnädiger werden können.
Gnädiger zuerst mit uns selber.
Denn wir neigen ja so oft dazu,
uns selber anzuklagen.
Wir gehen innerlich mit uns ins Gericht.
Wir treten auf als strenge Richter uns selber gegenüber.
Harte Urteile verhängen wir über uns.

Und so begegnen wir auch unseren Mitmenschen.
Wir sind streng,
wenn sie etwas falsch gemacht haben.
Wir tun uns schwer damit,
ein Wort der Vergebung zu sprechen.
Wir sagen: Strafe muss sein.

Hilf uns,
dass wir gnädiger sein können mit den Menschen,
die in unserer Schuld stehen.
Lass uns bereit sein,
einander von Herzen zu vergeben,
weil auch du uns von Herzen vergibst.

Hilf uns,
dass wir nicht resignieren,
wenn wir spüren:
Wir tun das Böse,
das wir nicht wollen,
und wir tun nicht das Gute,
das wir eigentlich wollen.

Mach unser Denken, Fühlen und Handeln so weit,
wie du es verheißen hast:
„Deine Güte reicht, so weit der Himmel ist."[59]

Mit deiner Hilfe lass uns voranschreiten
auf dem Weg dieser Güte.

23. Sonntag nach Trinitatis

U. Burkhardt

Dem König aller Könige und Herrn aller Herren,
der allein Unsterblichkeit hat,
dem sei Ehre und ewige Macht.
1. Timotheus 6,15b.16a.c

Ich lebe mein Leben in wachsenden Ringen,
die sich über die Dinge ziehn.
Ich werde den letzten vielleicht nicht vollbringen,
aber versuchen will ich ihn.
Rainer Maria Rilke (1875–1926)

Predigttexte

I Amos 7,10–17
II Matthäus 22,15–22
III Philipper 3,17–20
IV 2. Mose 1,8–20
V Matthäus 5,33–37
VI Römer 13,1–7

WIR NEHMEN UNS VIEL VOR

Tagesgebet

Gott,
wir wollen leben, wie du es möchtest.
Dir wollen wir nachfolgen
und bitten dich dazu um Kraft aus der Höhe.
Lass sie uns zuströmen in diesem Gottesdienst.
Wecke in uns allen die Bereitschaft zur Wahrheit und zum Guten.
Lass Gerechtigkeit strömen wie Wasser
und die Liebe wie einen nie versiegenden Bach.
Lass fern sein, was uns unruhig macht.
Hilf, dass wir zu uns selber finden.
Lehre uns Schritte zur Zufriedenheit und zum Frieden.
Lass uns das Leben mutiger wagen.

Mit dir wollen wir unsere Wege angehen,
Wege des Glaubens, der Hoffnung und der Liebe.

EINLADUNG ZUM LEBEN

Fürbittengebet

Gott,
dein Wort lädt uns ein,
zu dir zu kommen mit unseren Freuden und unseren Sorgen,
mit unserem Dank und mit unserer Bitte.
Voller Vertrauen wenden wir uns deshalb an dich
mit unseren Anliegen.

Wir leben in Frieden und Wohlstand.
Aber beinahe täglich erfahren wir von Hunger und Armut,
von ungerechten Verhältnissen,
von Gewalt und Blutvergießen.
Störe uns, wenn wir das alles übersehen und überhören
und nur an uns selber,
an unser eigenes Wohlergehen denken wollen.
Lass uns zu mutigen und einsatzfreudigen Helferinnen und Helfern werden.

Die meisten von uns haben Arbeit
und ein sicheres Einkommen.
Wir können kaufen, was wir brauchen.
Aber es gibt immer mehr Menschen,
die beschäftigungslos sind oder von Entlassung bedroht werden,
die vor den Scherben ihrer Existenz stehen.
Lehre uns, solidarisch zu sein
und verantwortlich umzugehen mit unserem Hab und Gut.

Mit Freude und Begeisterung nutzen wir die Möglichkeiten,
die die Technik uns bietet und eröffnet,
die Erleichterungen bei der Arbeit,
die praktischen Dinge im Haushalt,
die Bereicherung unserer Freizeit,
die Bequemlichkeiten des Verkehrs.

Doch mitunter unterschätzen wir die Gefahren,
die das alles mit sich bringt.
Öffne uns die Augen,
damit wir erkennen, wo Grenzen gesetzt werden müssen.

Du hast uns die Natur als deine gute Schöpfung anvertraut,
um sie zu bebauen und zu bewahren.[60]
Doch das Bewahren kommt immer noch viel zu kurz;
das Ausbeuten scheint uns wichtiger zu sein.
Falle du uns in den Arm,
wenn wir zu nachlässig mit deiner Gabe umgehen.

Im Glauben sind wir verbunden, zu *einer* Gemeinde –
über viele menschliche Grenzen und Unterschiede hinweg.
So ist es zumindest von dir gedacht.
Doch gibt es noch so viel Uneinigkeit,
viel zu viel Misstrauen und Unversöhnlichkeit,
gerade auch unter uns Christinnen und Christen.
Nimm alle Enge der Gedanken und allen Starrsinn weg.
Schaffe Brücken und führe zusammen.

Wir wollen uns darauf verlassen,
dass du uns beistehen kannst und beistehen wirst.

In der Gewissheit deiner Gegenwart
beten wir zu dir mit den Worten,
die uns allen bekannt und vertraut sind.

24. Sonntag nach Trinitatis

B. Schwalbe

Mit Freuden sagt Dank dem Vater,
der euch tüchtig gemacht hat zu dem Erbteil der Heiligen im Licht.
Kolosser 1,11b.12

aber es kommt eine Auferstehung
die ganz anders
als wir dachten
es kommt eine Auferstehung
die ist der Aufstand Gottes
gegen die Herren[61]
Kurt Marti (1921–2017)

Predigttexte

I + IV 1. Korinther 9,16–23
II + V Jesaja 51,9–16
III + VI Matthäus 1,21–28

WEITE UNSEREN HORIZONT

Tagesgebet

Gott,
es gibt so vieles,
was uns
in unserem Leben Angst macht und lähmt.

Dabei möchten wir
so gerne
zuversichtlich und mutig erscheinen.

Lass in diesem Gottesdienst
unsere Gedanken und Sorgen zur Ruhe kommen.

Gib uns ein Wort,
einen Gedanken,
einen Satz,
der uns begleitet und hilft
in unserem Alltag.

Schenke uns deinen Geist,
der uns bereit macht,
auch Ungewöhnliches und
– nach unserer Meinung –
Unerhörtes
in Gedanken
nicht gleich zur Seite zu schieben,
sondern ihm eine Chance zu geben.

Lass unseren Geist
und unsere Seele
über uns hinauswachsen –
dir entgegen.

MIT GOTT MAUERN ÜBERWINDEN

Fürbittengebet

Gott,
dir sind Leiden, Sterben und Tod nicht fremd.
Wir danken dir,
dass du die Macht des Todes gebrochen hast.

Wir wissen das.
Und doch haben wir – noch und immer wieder –
Angst:
um uns,
um die Menschen, die uns nahestehen,
um die Zukunft dieser Welt.

Stärke in uns den Glauben,
dass du allezeit bei uns bist,
auch dann,
wenn schweres Leid unsere Tage belastet.

Sei bei den Menschen,
die dem Ende ihres Lebens entgegengehen.
Nimm ihnen die Furcht
und stärke in ihnen die Zuversicht,
in deiner Hand geborgen zu sein.

Sei bei den Menschen,
die keine Energie mehr haben zum Leben.
Gib ihnen Menschen zur Seite,
durch die sie das Licht deiner Liebe
in ihrem Leben wieder entdecken.

Sei bei den Menschen,
die darunter leiden,
dass sie unentwegt an Grenzen stoßen:
im Umgang
mit anderen,
in ihrer Familie,
an ihrem Arbeitsplatz,
mit ihren Hoffnungen und Plänen.
Hilf ihnen,
die Mauern zu überwinden
und mutig in die Zukunft zu gehen.

Sei bei den Menschen,
die unterdrückt werden,
die unter Krieg und Gewalt,
Naturkatastrophen oder Hungersnöten leiden.

Zeige uns allen Wege,
was wir tun können und was wir tun müssen,
damit sich
Frieden und Gerechtigkeit durchsetzen
und deine Schöpfung keinen weiteren Schaden nimmt.

Lass uns erkennen,
dass das keine Einschränkung unserer Lebensqualität ist,
sondern Lebenssicherung
für die nächsten Generationen.

Drittletzter Sonntag im Kirchenjahr

U. Burkhardt

Selig sind, die Frieden stiften;
denn sie werden Gottes Kinder heißen.
Matthäus 5,9

Wir brauchen nicht so fortzuleben, wie wir gestern gelebt haben.
Macht euch nur von dieser Anschauung los,
und tausend Möglichkeiten laden uns zu neuem Leben ein.
Christian Morgenstern (1871–1914)

Predigttexte

- I Lukas 6,27–38
- II 1. Thessalonicher 5,1–6(7–11)
- III Psalm 85
- IV Lukas 17,20–24(25–30)
- V Römer 8,18–25
- VI Micha 4,1–5(7b)

FREIHEIT IN GEFAHR

Tagesgebet

Gott,
immer wieder ist unsere Freiheit bedroht.

Wir werden mehr oder weniger direkt Zwängen unterworfen,
die uns zu schaffen machen:
Was Menschen von uns erwarten, ob wir das nun wollen oder nicht;
welche Leistungen wir zu erbringen haben;
wie wir aussehen und uns geben sollen;
welche politische Meinung wir am Besten zu vertreten haben.

Manchmal kommt es uns so vor,
als würden wir in ein Raster gesteckt
und hätten nur zu funktionieren.

Lass uns deshalb deine Freiheit heute erspüren und erleben,
Gott.
Hilf uns, Wichtiges von Unwichtigem unterscheiden zu können.
Gib, dass wir uns nicht nach dem richten,
was andere meinen und denken,
sondern nach dir,
dem Gott der Liebe und des Friedens.

GOTT AN DEN ÜBERGÄNGEN

Fürbittengebet

Wir danken dir,
Gott,
dass du uns immer wieder einlädst
und uns Gemeinschaft schenkst,
mit dir und miteinander.
Wir danken dir, dass wir bei dir zu Hause sind.
Du bist uns nah, nicht nur in diesem Gottesdienst.
Du bist immer bei uns,
wenn wir beten,
wenn wir dein Wort hören oder lesen,
wenn wir dir dankbare oder auch klagende Lieder singen –
aber nicht nur dann.

Du bist auch in dieser Zeit in unserer Mitte,
wo das Kirchenjahr sich langsam dem Ende zuneigt.
Du möchtest uns an deine segnende Begleitung erinnern,
an all das Gute, das du uns geschenkt hast.
Ein Übergang ist kein Ende.
Wir dürfen uns darauf verlassen,
dass du auch weiterhin an unserer Seite sein wirst,
zuverlässig und treu.

Deine Einladung an uns eröffnet ein weites Feld.
Wir aber kapseln uns oft ab.
Wir machen uns viel zu schaffen mit allem Möglichen
und leben in dem Wahn, keine Zeit zu haben.
Wir sind von dir zur herrlichen Freiheit deiner Kinder berufen[62];
doch wir wissen diese Freiheit oft viel zu wenig zu schätzen
und engen sie ungewollt selber ein,
unsere eigene und die Freiheit anderer.

Hilf,
Gott,
dass wir unsere Einstellung ändern,
dass wir besonders auch die Zeichen deiner Nähe nicht übersehen.
Du läufst uns doch in den Menschen über den Weg,
mit denen wir täglich zu tun haben,
in überraschenden Erfahrungen deiner Gegenwart.

Die Tür zu dir steht allen offen.
Lass uns Boten deiner Einladung sein,
gerade auch für die, die fern stehen.
Lass uns glaubwürdig sein in unserem Leben,
damit Menschen, die uns begegnen, durch uns spüren,
dass du niemanden ausschließt.

Lass uns die Not anderer sehen und lindern,
wo immer es in unserer Macht steht.
Lass uns den Ausgestoßenen und Entfremdeten
ein Stück Heimat geben,
hier bei uns, in unserem reichen Land.
Lass uns als Christinnen und Christen eintreten
für den Frieden und die Freiheit in der Welt.
Lass uns Sorge tragen für die Versöhnung unter den Menschen
und selber aktiv werden, in unserem Umfeld.
Lass uns nicht ruhen, wenn es darum geht,
Einsamkeit und Verzagtheit zu überwinden.

Lass uns also in unserer Umgebung Zeichen setzen,
durch die deutlich erkennbar und erlebbar wird:
Du lebst und du wirkst, mitten unter uns.
Du willst dein Reich bauen, schon hier und jetzt.
Du willst, dass jede und jeder von uns Ruhe und Zufriedenheit findet.
Du willst, dass wir alle deine Kinder sind und bleiben.
Du willst, dass wir dir Vertrauen schenken, unser Leben lang.

Vorletzter Sonntag des Kirchenjahres

E. Gorka

Wir müssen alle offenbar werden vor dem Richterstuhl Christi.
2. Korinther 5,10a

Welche Unehre tun wir Gott an,
wenn wir ihm nur so viel zutrauen,
wie unsere Vorstellungen fassen.
Johannes Calvin (1509–1564)

Predigttexte

I Hiob 14,1–6(7–12)13(14)15–17
II Lukas 16,1–8(9)
III 2. Korinther 5,1–10
IV Lukas 18,1–8
V Matthäus 25,31–46
VI Römer 14,(1–6)7–13

MACH UNS ZU ANGEHÖRIGEN DER OPFER

Tagesgebet

Jesus Christus,
ein ganzes Volk ist aufgerufen,
an die Opfer der Kriege und Gewalt zu denken.

Die Zahl der Opfer steigt,
aber nur Wenige sind bereit,
ihr Leid zu erinnern, ihr Schicksal an sich heranzulassen.
Das Grelle, Laute und Bunte ist uns näher
als das Widerliche, Abstoßende und die Schuld.

Du willst die Welt mit Gott versöhnen,
wir können deinen Worten und Spuren folgen.

Stärke uns, aller Gewalt zu widersprechen.
Mach uns zu Angehörigen der Opfer,
der du mit dem Vater und dem Heiligen Geist wirkst
und Frieden schaffst
in Ewigkeit.

GOTT DES FRIEDENS, HILF UNS

Fürbittengebet

Du,
Gott des Friedens,
wir hören dein Werben und Bitten um das Ende der Gewalt,
deinen Ruf nach Respekt vor dem Leben,
deine Mahnung, unsere Grenzen zu achten.

Wir gedenken der Menschen,
die an unseren Grenzverletzungen zugrunde gegangen sind:
der Opfer der Kriege,
des staatlichen Terrors der Nazizeit;
wir gedenken derer, die getötet oder mundtot gemacht wurden,
deren Lebensform dem unmenschlichen Maß widersprach.

Hilf uns,
an der Seite derer zu sein, die jeden Tag bedroht werden,
weil sie angeblich den falschen Glauben haben,
die falsche Sprache oder Hautfarbe,
den falschen Geburtsort, die falsche Lebenshaltung.

Hilf uns auf
aus unseren Leseecken, Fernsehsesseln und Stammtischen,
wenn wir von religiös überformtem Terror hören,
wenn Wut und Trauer wieder nur in Schulterzucken enden,
in Ratlosigkeit und Schweigen.

Hilf unserer Erinnerung,
der du in Christus erlitten hast, wozu Menschen fähig sind,
damit das Ende der Gewalt
jetzt beginnt.
Mit uns und mit denen,
für die gewagteste Diplomatie wichtiger ist als der erste Schuss.

Hilf unserer Hoffnung,
an der Völkergemeinschaft festzuhalten.
Segne den Friedenswillen der politisch Verantwortlichen
und derer, die Uniformen und Waffen tragen.

Hilf unserem Glauben.
Nimm uns in deinen Dienst
als Werkzeuge für den Frieden.

Segne uns
und halte weiter fest an deiner Zusage,
diese noch zerstrittene Welt zu tragen.

Dies bitten wir
im Namen deines Sohnes
Jesus Christus.

Buß- und Bettag

S. Thürmel

Gerechtigkeit erhöht ein Volk;
aber die Sünde ist der Leute Verderben.
Sprüche 14,34

Schicksalsschläge lassen sich ertragen
– sie kommen von außen, sind zufällig.
Aber durch eigene Schuld leiden –
das ist der Stachel des Lebens.
Oscar Wilde (1854–1900)

Predigttexte

I Römer 2,1–11
II Jesaja 1,10–17
III Matthäus 7,12–20
IV Offenbarung 3,1–6
V Hesekiel 22,23–31
VI Lukas 13,(1–5)6–9

ICH SCHÜTTE MEIN HERZ AUS

Tagesgebet

Es tut gut,
Gott,
ab und zu das Herz auszuschütten
bei einem guten Freund oder einer guten Freundin.
Doch es gibt Dinge,
über die möchte ich nicht mit jemand anderem sprechen.
Ich weiß ja noch nicht einmal,
wie ich überhaupt in Worte fassen kann, was mich bewegt.

Manches liegt schon Jahre zurück
und beschäftigt mich noch immer.
Ich muss damit leben,
dass ich die Zeit nicht zurückdrehen
und Geschehenes nicht ungeschehen machen kann.

Manches sind Banalitäten aus dem Alltag:
Ein Wort, das unbedacht über die Lippen kam,
und doch verletzt hat.
Meine Ungeduld,
wo doch Geduld das Gebot der Stunde gewesen wäre.
Mein Blick – gerichtet nur auf mich,
statt die Bedürfnisse des anderen zu sehen.
Meine Zögerlichkeit,
wo es doch gefordert war, beherzt für eine Sache einzutreten.
Eine schlechte Eigenschaft, die mir bewusst ist,
die ich aber nicht abstellen kann.

Es tut gut,
Gott,
ab und zu das Herz auszuschütten.
Bei dir sind alle meine Gedanken und Gefühle gut aufgehoben.

Meine Schuld lege ich in deine Hände
und vertraue auf deine Gnade.

VERGIB UNS UNSERE SCHULD

Fürbittengebet

Ich danke dir,
Gott,
dass ich zu dir kommen konnte
und dir anvertrauen durfte,
was schwer auf mir liegt.
Es tut mir gut, auf deine Gnade zu vertrauen.

Ich bitte dich für Menschen,
die keinerlei Schuldbewusstsein haben.
Die anderen furchtbares Leid zufügen,
ohne mit der Wimper zu zucken.
Erneuere ihr Gewissen,
dass sie spüren,
wenn sie anderen Böses tun und sie verletzen.

Ich bitte dich für Menschen,
die sich schnell unbegründet Schuldgefühle machen lassen.
Die immer meinen,
sie seien schuld an allem.
Schenke ihrem Herzen Ruhe und Frieden,
dass sie zu sich kommen können
und ihnen Gerechtigkeit widerfährt.

Ich bitte dich für Menschen,
die schwere Schuld auf sich geladen haben.
Die etwas getan haben,
was tiefe Narben hinterlässt
– auf ihrer Seele und der Seele anderer.
Schenke du Heilung durch deinen Segen
und Vergebung, wo Vergebung unmöglich scheint.

Ich bitte dich für Menschen,
die ihre Schuld anderen aufladen.
Die nicht selbst für das einstehen möchten,
was sie falsch gemacht haben.
Schenke du ihnen Ehrlichkeit
mit sich und anderen
und stärke ihr Verantwortungsbewusstsein.

Ich bitte dich für Menschen,
die ihren Schuldigern nicht vergeben können.
Die daran leiden,
weil das, was geschehen ist, zu schmerzhaft ist
und die Gräben zu tief sind, um sie zu überbrücken.
Schenke ihnen das Vertrauen, dass du ihr Leid siehst
und du derjenige bist, der das letzte Wort spricht.
Gib ihnen Kraft, neu in die Zukunft zu blicken.

Ich bitte dich,
Gott,
lass deine Gnade leuchten
und die Kraft sein, aus der wir leben.

Letzter Sonntag des Kirchenjahres

J. Pommer

Ewigkeitssonntag

Lasst eure Lenden umgürtet sein
und eure Lichter brennen.
Lukas 12,35

Totensonntag

Lehre uns bedenken,
dass wir sterben müssen,
auf dass wir klug werden.
Psalm 90,12

Mir wäre doch, potzsapperlot,
Der ganze Spaß verdorben,
Wenn man am Ende gar nicht tot,
Nachdem daß man gestorben.[63]
Wilhelm Busch (1832–1908)

Predigttexte

Ewigkeitssonntag

- I Matthäus 25,1–13
- II Offenbarung 21,1–7
- III Jesaja 65,17–19(20–22)23–25
- IV Markus 13,28–37
- V 2. Petrus 3,(3–7)8–13
- VI Psalm 126

Totensonntag

- I Johannes 5,24–29
- II 1. Korinther 15,35–38.42–44a
- III 5. Mose 34,1–8
- IV Johannes 6,37–40
- V Daniel 12,1b–3
- VI Psalm 90,1–14

EIN TAG DER SAGT DEM ANDERN, MEIN LEBEN SEI EIN WANDERN ZUR GROSSEN EWIGKEIT[64]

Tagesgebet

Heute ist
Totensonntag.

Wir denken an die Menschen aus unserer Mitte,
die der Tod uns im zu Ende gehenden Kirchenjahr genommen hat.

Dir,
Gott,
vertrauen wir unsere Verstorbenen an.
Erweise dich an ihnen als der Herr,
der durch den Tod hindurch zu neuem Leben führt.

Heute ist
Ewigkeitssonntag.

Wir warten auf den neuen Himmel und auf die neue Erde,
wir warten auf *deinen* neuen Himmel und *deine* neue Erde,
Gott.

Schenke uns die Gewissheit,
dass du uns und die Zukunft der ganzen Welt
in deinen Händen hältst
und wir bei dir geborgen sind –
in Zeit und Ewigkeit.

SIEHE, ICH MACHE ALLES NEU[65]

Fürbittengebet

So viele Tränen,
so viel Traurigkeit,
so viel Leid,
so viel Schmerz,
so viel Ohnmacht,
so viel Hilflosigkeit.

„Ich hebe meine Augen auf zu den Bergen. Woher kommt mir Hilfe?
Meine Hilfe kommt vom Herrn, der Himmel und Erde gemacht hat.
Er wird deinen Fuß nicht gleiten lassen,
und der dich behütet, schläft nicht."[66]

Zu dir kommen wir,
Gott,
mit unseren Tränen und Erinnerungen,
Erinnerungen an die Menschen, die nicht mehr unter uns weilen.

Wir denken an die, die in hohem Alter, nach einem erfüllten Leben,
in deinen Frieden eingegangen sind.
Wir denken an die, die uns der Tod viel zu früh genommen hat,
die brutal aus unserer Mitte gerissen wurden,
an alle, die gerne gelebt haben
und so gerne noch weitergelebt hätten.
Wohin sollen wir gehen mit unserer Ratlosigkeit und unserer Trauer?

Zu dir kommen wir,
Gott.

"Wie ich mich wend und drehe, geh ich von dir zu dir;
die Ferne und die Nähe sind aufgehoben hier.
Von dir zu dir mein Schreiten, mein Weg und meine Ruh,
Gericht und Gnad, die beiden bist du – und immer du."[67]

Zu dir kommen wir,
Gott,
denn du hast unsere Verstorbenen beim Namen gerufen.
Sie gehören dir, im Leben, im Tod und über den Tod hinaus.

Wir bitten dich für alle,
die traurig sind –
über den Tod von lieben Menschen,
über den Tod von langjährigen Beziehungen.

Für alle, die im Tod nur das Ende sehen können,
bitten wir dich:
Öffne ihren Blick,
weite ihren Horizont,
schenke ihnen eine Hoffnung,
die zu glauben wagt, auch wenn sie nicht sieht.

Sei denen nahe,
die gegen den Tod kämpfen und für das Leben eintreten:
den Ärzten, Krankenschwestern und Pflegern,
den Wissenschaftlern und Konstrukteuren,
den politisch Verantwortlichen,
die nicht nachlassen im Kampf für eine gerechtere Welt,
den in der Seelsorge Tätigen,
die ein offenes Ohr haben auch für die,
denen sonst niemand zuhört.

Gott des Lebens,
gib uns allen die Kraft,
immer wieder aufzustehen gegen den Tod
und uns einzusetzen für alles,
was das Leben ermöglicht und fördert.

Du kannst alles neu machen,
du *wirst* alles neu machen.

Erntedank

M. Gorka

Aller Augen warten auf dich,
und du gibst ihnen ihre Speise zur rechten Zeit.
Psalm 145,15

Nicht die Glücklichen sind dankbar.
Es sind die Dankbaren, die glücklich sind.
Francis Bacon (1561–1621)

Predigttexte

I Jesaja 58,7–12
II Markus 8,1–9
III 2. Korinther 9,6–15
IV 5. Mose 8,7–18
VI 1. Timotheus 4,4–5
V Lukas 12,(13–14)15–21

ZEIT MIT GOTT

Tagesgebet

Gott,
du hast uns
Saat und Ernte, Frost und Hitze, Sommer und Winter versprochen –
solange die Erde steht, soll all dies nicht aufhören.[68]
Aus dieser Verheißung leben wir bis heute.
Darum beten wir zu dir und bitten:

Lass uns jeden Tag dankbar sein und deine Kraft spüren.
Bewahre und belebe die Gemeinde im Auf und Ab der Zeiten.
Halte deine Hand über uns.
Öffne uns die Sinne und unser Herz.

Gott,
wir danken dir für diesen Sonntagmorgen.
Für die Zeit, deine Lieder zu singen,
deine Gedanken nachzudenken.
Für die Zeit, lebendig zu sein –
vor dir.

Wir warten darauf, dass du unseren Glauben stärkst.
Schon am Morgen denken wir an deine Güte.
Und wenn der Tag zu Ende ist,
soll unser Herz immer noch erfüllt sein von deiner Wahrheit.

Danke,
Gott,
dass es dich gibt.

SCHÖNE BUNTE WELT

Fürbittengebet

Bunt ist die Welt,
in der wir leben.
Schillernd und farbenfroh
in den schönsten Farben des Regenbogens.
Du,
Gott,
hast diesen Bogen bunter Farben über unsere Welt gespannt.
Ein Zeichen für deinen Bund mit uns Menschen.

Dafür danken wir dir,
Gott,
und bringen, was uns selbst farbenfroh
oder auch traurig macht.

Das Rot einer Rose erinnert an das Feuer der Liebe.
So bitten wir dich:
schenke uns ein liebendes Herz –
offen für die Schönheit der Welt und ihrer Menschen,
offen für dich,
Gott.

Wir danken für das Orange der Aprikosen im Sommer
und für den Sonnenaufgang am Morgen.
Und wir bitten dich,
dass wir ein Auge behalten
für die vielen Wunder deiner Schöpfung
und Ohren
für die leisen Töne in dieser Welt.

Mit Dank für das Gelb der Sonne und der reifen Kornfelder
bitten wir dich,
sende immer wieder deine Sonnenstrahlen uns ins Herz –
besonders nach dunklen Tagen.

Mit Dank für das Grün der keimenden Saat an Wiesen und Bäumen
bitten wir dich,
lass in unseren Kindern
die Freude am Leben und an der Arbeit wachsen.
Uns Großen schenke eine Prise Humor
und eine starke Hoffnung,
die nie zu besiegen ist.

Wir freuen uns am Blau, der Farbe des Himmels und des Wassers,
der Farbe von Kornblumen und Vergissmeinnicht.
Wir bitten dich,
lass uns deine Güte nie vergessen und deine Treue spüren,
dass wir in aller Freiheit doch Heimat fühlen bei dir.

Mit Dank für das Lila von Veilchen und Flieder bitten wir dich,
hilf uns zu glauben, wenn wir verzweifeln.

Bunt und farbenfroh ist deine Welt.

Gott,
Schöpfer der Welt,
halte uns offen
für die vielen Farben und Facetten dieser Erde.

Reformation

U. Burkhardt

Einen andern Grund kann niemand legen
außer dem, der gelegt ist,
welcher ist Jesus Christus.
1. Korinther 3,11

Es gibt drei Kirchen, die eine ist im Himmel,
die zweite hier für uns sichtbar und die dritte sind wir selbst.
Alle Umkehr und Erneuerung muss bei mir selbst anfangen.
Dietrich Bonhoeffer (1906–1945)

Predigttexte

I 5. Mose 6,4–9
II Matthäus 10,26b–33
III Galater 5,1–6
IV Psalm 46
V Matthäus 5,1–10(11–12)
VI Römer 3,21–28

REFORMATION IST AUFBRUCH

Tagesgebet

Gott,
nicht nur heute denken wir daran,
dass du deiner Kirche Erneuerung zumutest
und vor allem auch zutraust.
Du willst nicht, dass alles für immer so bleiben muss, wie es ist.
Du willst auch nicht,
dass wir unsere Unvollkommenheit
als bedauernswerten Zustand hinnehmen.
Du willst, dass wir bereit sind zur Veränderung,
dass wir verkrustete Strukturen hinterfragen
und unsere Konsequenzen ziehen aus dem,
was dein Wort uns sagt.
Dein Wort ist schließlich lebendig;
und deine Kirche sollte es auch sein.
Schenke uns also ein lebendiges Bewusstsein,
Gott.
Lass uns bereit sein zur Erneuerung,
wo etwas erneuert werden muss.
Gib uns die dazu nötige Kraft.

BLICK NACH VORN

Fürbittengebet

Gott,
du sprichst uns deine Verheißungen zu.
Du sagst uns, wer wir sind:
Geliebte, Erwählte,
deine Freundinnen und Freunde,
deine Kinder, dein Volk,
deine sichtbare Kirche hier auf Erden.

Du stärkst uns und du stehst uns zur Seite,
auf allen unseren Wegen.
Gutes hast du mit uns vor.
Erneuerung schenkst du uns –
immer wieder aufs Neue.
Wir danken dir dafür.

Voller Vertrauen beten wir zu dir
und bitten dich für Menschen,
die mit uns unter dem Himmel leben,
den du aufgespannt hast:

Für junge Menschen, die sich schwer damit tun,
ins Leben hineinzufinden.
Gib ihnen Personen zur Seite,
denen sie vertrauen können,
die ihnen den Rücken stärken,
die sie unterstützen, wenn sie Neues wagen,
die ihnen Lebensfreude spenden und ihre Zuversicht wachsen lassen.

Für die Menschen, deren Existenz durcheinandergeraten ist,
bitten wir dich,
für die, die in Ungewissheit leben,
dass sie wieder klar denken und empfinden können,
dass sie sich gehalten und getragen wissen
und keine Angst haben vor dem, was kommt.

Wir denken vor dir an die Menschen, deren Dasein eingeengt ist
durch die Sorge um andere oder durch Krankheit,
dass sie trotz ihrer Begrenzungen die Freiheit erkennen und nutzen,
dass sie verwirklichen, wozu du sie berufen hast.

Die Menschen, die Gewalt erleiden müssen, bringen wir vor dich.
Gib ihnen die Kraft, sich zu befreien.
Lass ihnen Gerechtigkeit widerfahren,
auf dass sie einen Pfad der Versöhnung finden
und sich ins Leben zurücktasten.

Die bringen wir vor dich, die sich fragen: „Wozu bin ich noch da?“
Stärke in ihnen und auch in uns die Hoffnung,
dass du uns Wege zeigen wirst, die sinnvoll sind und gut –
für uns und für andere.

Alle, die Verantwortung für ihre Mitmenschen tragen,
vertrauen wir dir an:
Eltern, Lehrer, politische Verantwortungsträger,
Polizei und Gerichte, kirchliche Mitarbeitende.
Lass sie furchtlos für Recht, Gerechtigkeit und Frieden eintreten
und damit anderen Halt und Orientierung geben.

Gott,
du sammelst Menschen, die an dich glauben,
die hoffen und lieben
in der weltweiten Gemeinschaft einer Kirche, die offen ist für alle.
Wir freuen uns, dass wir dazu gehören.
Hilf uns, auch andere Menschen mit hineinzunehmen
in deine Kirche, die aus der Freiheit des Evangeliums lebt.

Schenke uns die Gewissheit, dass uns nichts,
weder Tod noch Leben,
weder Gegenwärtiges noch Zukünftiges,
weder Hohes noch Tiefes –
dass uns wirklich nichts trennen kann
von deiner Liebe und Barmherzigkeit.[69]

AUTORINNEN UND AUTOREN

Pfarrer Uwe Biedermann, Schierling
Pfarrer Ulrich Burkhardt, Regensburg
Pfarrerin Barbara Dietrich, Abensberg
Pfarrer Klaus Eberius, Rieden
Landessuperintendent Eckhard Gorka, Hildesheim
Pfarrerin Marianne Gorka, Hildesheim
Pfarrerin Katrin Großmann-Bomhard, Deggendorf
Vikar Steve Kennedy Henkel, München
Dekan Eckhard Herrmann, Regensburg
Pfarrerin Dr. Gabriele Kainz, Regensburg
Pfarrerin i. R. Romy Köppen, Schwarzenfeld
Pfarrer Max Lehnert, Hemau
Pfarrer Magnus Löfflmann, Regensburg
Pfarrerin Dr. Bärbel Mayer-Schärtel, Burgweinting
Diakonin Gabriela Neumann-Beiler, Spiegelau
Dekan Jürgen Pommer, Neu-Ulm
Pfarrer Wolfgang Reindlmeier, Regensburg
Pfarrerin Sonja Schuster, Grafenau
Pfarrerin Birgit Schwalbe, Rieden
Dekan i. R. Gottfried Stritar, Truchtlaching
Pfarrer Philip-A. Theiß, Straubing
Pfarrerin Sibylle Thürmel, Nittendorf

ANMERKUNGEN

1 Veröffentlichung aller Texte und Lieder im Amtsblatt der VELKD, Band VII, Stück 32, S. 570ff. – Die Drucklegung dieses Buches lag vor der Herausgabe des neuen Perikopenbuchs.

2 Bibeltexte aus: Lutherbibel, revidiert 2017, © 2016 Deutsche Bibelgesellschaft, Stuttgart

3 "Traue nicht deinen Augen", aus: Bertolt Brecht, Werke. Große kommentierte Berliner und Frankfurter Ausgabe, Band 14: Gedichte 4. © Bertolt-Brecht-Erben / Suhrkamp Verlag 1993.

4 Aus: Heribert Prantl, Die Kraft der Hoffnung. Süddeutsche Zeitung Edition, 2017, S. 38

5 Hanns Dieter Hüsch: Dezember-Psalm (Auszug). Aus: Hanns Dieter Hüsch / Marc Chagall, Das kleine Weihnachtsbuch, Seite 6, 2015/17. © tvd-Verlag Düsseldorf, 1997

6 Jochen Klauß, Mit Goethe durch das Jahr 2017, München 2016, S. 5

7 In: K.-M. Guth (Hg.), Rainer Maria Rilke, Briefe an einen jungen Dichter, Berlin 2016

8 Lukas 2,14

9 Aus: Herder Camara, Mach aus mir einen Regenbogen. © 1981 Pendo Verlag in der Piper Verlag GmbH, München und Zürich

10 Lukas 2,10

11 Johannes 8,12

12 1. Mose 1,3

13 Dorothee Sölle aus: Warten auf einen neuen Himmel. Wünsche für mein Leben. Rechte bei Fulbert Steffensky

14 Nach Matthäus 28,20

15 Nach 1. Samuel 16,7

16 Erwin Straus, Vom Sinn der Sinne, Göttingen 1956, S. 398

17 Nach Hebräer 4,11

18 Aus: Audre Lorde, Auf Leben und Tod. Orlanda Verlag, Berlin

19 Rainer Maria Rilke, Neue Gedichte/Der neuen Gedichte anderer Teil, Berlin 2016, S. 35.

20 Psalm 25,6

21 Aus dem Album „Super Trouper“, 1980

22 Gekürzt. Rechte bei der Autorin

23 Jesaja 53,4

24 Johannes 14,19

25 In: H.-P. Kraus/W. Schmitt (Hg.), Den Mond wollt' ich dir schenken. Poetische Präsente, Norderstedt 2008, S. 94

26 Psalm 98,4/Psalm 103.1.2

27 2. Korinther 5,17

28 Andrea Schwarz, Vögel singen. In: Dies., Ich mag Gänseblümchen. © 2016 Verlag Herder GmbH, Freiburg i. Br., S. 24

29 Psalm 98,1

30 Aus dem Album „Imagine", 1971

31 Romano Guardini, Christliches Bewußtsein. Versuche über Pascal, 4. Auflage 1991, S. 137. Verlagsgemeinschaft Matthias Grünewald, Mainz/Ferdinand Schöningh, Paderborn. Alle Autorenrechte liegen bei der Katholischen Akademie in Bayern

32 Aus: Martin Buber, Das dialogische Prinzip. © 1999, Gütersloher Verlagshaus, Gütersloh, in der Verlagsgruppe Random House GmbH

33 Gekürzt. Vollständiger Text in: Lothar Zenetti, Auf Seiner Spur. Texte gläubiger Zuversicht © Matthias Grünewald Verlag der Schwabenverlag AG, Ostfildern 2011. www.verlagsgruppe-patmos.de

34 Nach Epheser 2,19

35 Nach Matthäus 11,29

36 Matthäus 5,14

37 Nach Matthäus 5,16

38 Matthäus 5,13a

39 Nach Kolosser 4,6

40 Matthäus 5,13ff. – Ebenso die folgenden Licht-Salz-Zitate

41 1. Korinther 13,13

42 DBW Band 15, München 1998, S. 530

43 Aus: Renate Wind, Grenzenlos glücklich – absolut furchtlos – immer in Schwierigkeiten. Dorothee Sölle. Gütersloher Verlagshaus 2013, Seite 69

44 Aus: Imprimatur Trier, Heft 1, April 2010. Dort: Artikel: Fulbert Steffensky, Die Schönheit des dickköpfigen Stolzes. Der Glaube an die Erlösung verweigert dem Tod das letzte Wort. Rechte bei Fulbert Steffensky

45 Nach Jesaja 42,3a

46 Nach Psalm 147,3

47 Aus: Augustinus, Bekenntnisse

48 Nach 1. Petrus 5,7

49 Widerstand und Ergebung, DBW Band 8, München 1998, S. 537

50 Markus 9,23

51 Römer 10,10

52 Römer 10,10

53 Zitiert von Cornelia Schenk: Gebrochene Herzen. Kann man sie heilen? Eine logotherapeutische Antwort auf das Broken-heart-syndrome, in Existenz und Logos 16/2008, S. 29–47

54 1. Johannes 4,18

55 Nach Markus 10,27

56 Aus: Eckhard Frick, Sich heilen lassen. Eine spirituelle und psychoanalytische Reflexion. (Ignatianische Impulse, Bd. 12) © Echter Verlag Würzburg. 3., verbesserte Auflage 2011, S. 77

57 Nach Matthäus 7,3

58 Psalm 36,5

59 Psalm 36,5

60 Nach 1. Mose 2,15

61 Aus: Kurt Marti, Leichenreden. © 1996, 2001 Nagel & Kimche Verlag AG, Zürich

62 Nach Römer 8,21

63 Zitiert nach: Wilhelm Busch, Dilemma. In: Ders., Raritäten, München 1988, S. 14

64 Evangelisches Gesangbuch, Nr. 481,5

65 Offenbarung 21,5

66 Psalm 121,1–3

67 Evangelisches Gesangbuch, Nr. 237, 2–3

68 Nach 1. Mose 8,22

69 Nach Römer 8,39